Erziehung gelingt jeden Tag neu

Marc Getzmann

Erziehung gelingt jeden Tag neu

Schule auch

Grundlagen, Haltungen,
Verstehenslandkarten und Gelingensbilder
für eine entwicklungsoffene Erziehung und Bildung

Bibliografische Information der Deutschen Nationalbibliothek:
Die Deutsche Nationalbibliothek verzeichnet diese Publikation
in der Deutschen Nationalbibliografie;
detaillierte bibliografische Daten sind im Internet über
http://dnb.d-nb.de abrufbar.

© 2009 Marc Getzmann
Satz, Umschlaggestaltung, Herstellung und Verlag:
Books on Demand GmbH, Norderstedt

ISBN: 978-3-8334-7146-9

Inhalt

Einleitung

Kinder und Jugendliche benötigen Liebe, Sicherheit, Orientierung, sie brauchen Menschen, die ihnen das Leben freudig zutrauen und zumuten. Dafür sind sie auf Menschen angewiesen, die diese Aspekte leben und die Verantwortung für einen angemessenen Entwicklungsrahmen ihrer Kinder und Jugendlichen übernehmen.

Der Mensch, der seinen Teil an Verantwortung wahrnimmt, erscheint stark, um ihn herum fühlen sich andere Menschen sicher.

Die Begleitung von Kindern und Jugendlichen gelingt dann gut, wenn die Verantwortlichkeiten auf der Ebene der Erwachsenen klar und tragend sind.

Verstehen bildet die Grundlage für Verantwortung. In einer konkreten Situation kann Verantwortung erst wirklich mit dem entsprechenden Wissen und dem Verständnis für die Situation wahrgenommen werden. Dies zu erarbeiten stellt immer wieder eine neue Aufgabe und spannende Herausforderung dar.

Verantwortung wahrnehmen ist zudem verbunden mit „sich entscheiden". Sie fordert auf, Stellung zu beziehen und sich in den zentralen Lebensfragen persönlich zu positionieren. Es liegt bei den Erwachsenen, sich immer wieder neu dieser Verantwortung und den zentralen Lebensfragen zu stellen. Insbesondere als Eltern, Lehrpersonen, Begleiter von Kindern, Jugendlichen – aber auch als Menschen ganz allgemein – ist es wesentlich, zu einem eigenen Standort und einer erkennbaren Werthaltung zu finden. Diese Werthaltung bildet das Fundament der Erziehung.

In der aktuellen Wirklichkeit, der Welt von heute, in der alles möglich scheint, sind die Erwachsenen, primär die Eltern, verantwortlich für den angemessenen Entwicklungsrahmen der Kinder und Jugendlichen.

Schon im Vorfeld der „aktiven" Elternschaft, spätestens während der Zeit der Schwangerschaft, klopfen diese Themen und Fragen an die eigene Tür.

Werdende Eltern stellen sich in der Regel die Frage nach dem Sinn, dem Woher und Wohin. Sie informieren sich und suchen Orientierung. Die Vielfalt der unterschiedlichsten und auch widersprüchlichsten Empfehlungen verunsichern die werdenden Väter und Mütter oft sehr stark.

Diese Grundthemen der Erziehung fordern auch Lehrpersonen und Sozialpädagoginnen und Sozialpädagogen im Alltag heraus, führen an Grenzen. Lehrpersonen ergänzen später die in der Familie gewachsene Erziehung und führen diese gemäss dem gesellschaftlichen Erziehungs- und Bildungsauftrag weiter.

In den folgenden Texten finden Sie keine Rezepte oder konkrete Handlungsanweisungen. Es werden Orientierungs- und Verstehenslandkarten entwickelt, die in Bezug auf Erziehung wesentlich sind. Diese Landkarten stimulieren verstehendes Wissen mit dem Ziel, Sie im Aufbau Ihrer Haltung und Ihres eigenen Standortes zu unterstützen. Übernehmen Sie nichts „einfach so". Prüfen Sie und passen Sie die Modelle so an, dass diese für Sie stimmen.

Aufbau und Landkarte dieses Textes

Erziehung beginnt beim Beziehungsnetz, das das ankommende Kind trägt und ihm zugewandt einen Platz sichert. Dieses Netz weben zuerst die Eltern, die ihrerseits eingebunden sind in die erweiterte Familie und die Gesellschaft.

Aus diesem Netz entwickeln sich Grundthemen der Erziehung, immer basierend auf den Haltungen der Erwachsenen. Erziehung beginnt beim Erziehenden ganz im Privaten, im kleinen, intimen Rahmen der Familie, der sich allerdings schon bald ausweitet. Die Verwandtschaft, die Nachbarschaft und später die Schule übernehmen ergänzend ihren Teil der Erziehung.

Dieses Buch führt an der Entwicklungslinie des werdenden und wachsenden Menschen entlang, mit Blick auf die individuellen Bedürfnisse der Kinder und Jugendlichen und im Hinblick auf die Haltungen von uns Erwachsenen in zentralen Erziehungs- und Lebensfragen.

Die folgenden Ausführungen orientieren sich an der zeitlichen Reihenfolge. Sie entwickeln sich entlang der Zeitlinie, in die Erziehung eingebunden ist.

ERZIEHUNG GELINGT
JEDEN TAG
NEU

1. Erziehungshintergrund

1.1 Auf die Welt kommen

Die Grundsituation jedes einzelnen Menschen

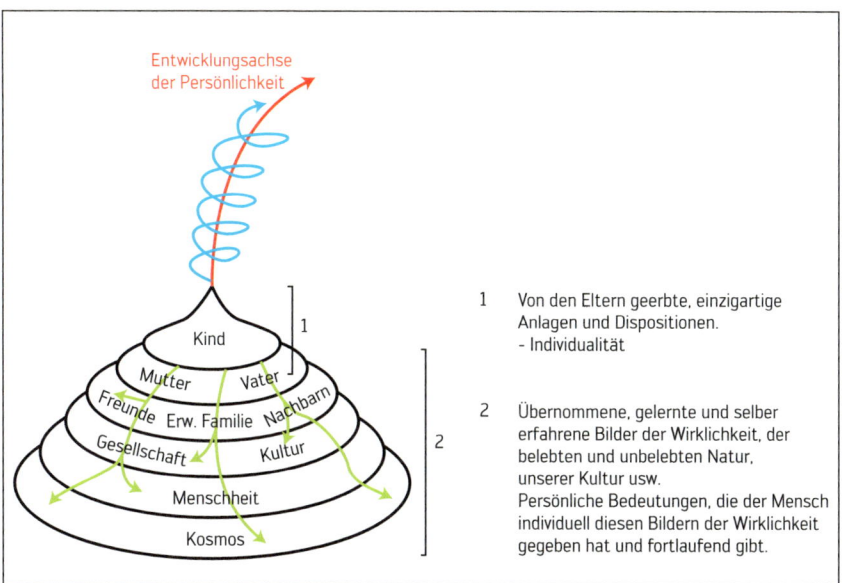

Jeder Mensch wird mit seiner unverwechselbaren, in seinem innersten Wesen eingefalteten Identität und Individualität geboren. Dazu gehören Aussehen, Begabungen, Konstitution bis hin zu Dispositionen und feinsten Wesenszügen seiner Seele. Diese Einmaligkeit wird jedem von uns mit in die Wiege gelegt, ohne dass die Eltern oder andere wichtige Personen etwas dazutun oder davon wegnehmen können. Wir haben keine Wahl.

Dieses Gegebene, verwoben mit unserem Wesen, drängt nach Entfaltung. Es ist als einzigartige Möglichkeit in uns angelegt und sucht durch uns nach Ausdruck. Dieses einmalig Eigene gleicht einer inneren Quelle, die uns unaufhörlich nährt. Sie ist nicht Selbstzweck, sie will dienstbar sein für uns und durch uns für die Gemeinschaft, für die Erde.

In jedem Neugeborenen wohnt dieses Geheimnis. Das Gegebene ist jedoch nicht nur eine Gabe, sondern auch eine Aufgabe. Insbesondere liegt es an den Erwachsenen, diesem Geheimnis – das sich in jedem Kind neu formt – Raum zu geben, diese Quelle sorgfältig zu pflegen und sicherzustellen, damit sie nicht zugeschüttet wird und versiegt. Erziehung nimmt Kontakt auf mit dieser Quelle. Sie horcht hin auf das, was sich zeigt und bringt dieses in Verbindung zu sich selber und zur Welt. Erziehung ist immer auch Beziehung und vermittelt Beziehung mit den verschiedensten Aspekten der Wirklichkeit. Erziehung leitet an, sich selber, die anderen und die Welt zu verstehen. Erziehung macht mündig.

Dort, wo das Neugeborene ankommt und wo es hineingeboren wird, ist seine Heimat. Sie beginnt in allen Kulturen bei den Eltern, in „seiner Familie". In dieser „seiner Familie" steht ihm, ohne Wenn und Aber, ein möglichst sicherer und behüteter Platz zu. Ganz nahe, nun aber aussen, trägt, nährt, herzt und umsorgt die Mutter ihr Kind. Zusammen bilden sie immer noch ein Ganzes, getragen und eingebettet in das Netz der Familie, der Freunde und der Nachbarn. Indirekt über die Mutter und den Vater ahnt und erfährt das Neugeborene dieses Aussen. In diesem Aussen, in der grossen weiten Welt, gilt es später, seinen eigenen Platz zu finden und sich zu bewähren. Diesen Platz findet das Kind nicht aus sich selbst heraus, vielmehr übernehmen die Eltern und weitere wichtige Bezugspersonen die Begleitung, Führung und Verantwortung und leihen dem Kind ihre eigenen Erklärungsbilder. Diese Bilder übernimmt das Kind und formt daraus „seine Bilder" – über sich selber, über Menschen, über all die Dinge dieser Welt, über Beziehungen, über Gut und Böse. Die Kinder „übernehmen" von den Eltern, wie diese auch schon von ihren Eltern übernommen haben.

Die Erwachsenen sind so Orientierung und Wegweiser, womit die Kinder ihren Platz auf dieser Welt entdecken. So verbinden die Kinder ihre Einzigartigkeit, ihr Innen mit dem Übernommenen, dem Aussen, zu ihrer einmaligen Individualität.

Wenn das Kind grösser wird, lernt es zu unterscheiden. Es kann dann die von Erwachsenen übernommenen Bilder als solche erkennen, selber Stellung nehmen, selber denken und einen eigenen, persönlichen Standort finden. Brücke zu seinem eigenen Standort sind immer die übernommenen Bilder, die Vorurteile und Bewertungen der Eltern und weiterer wichtiger Bezugspersonen aus der eigenen Geschichte.

Es ist, als ob uns bei der Geburt zwei Fäden gereicht würden. Der eine Faden beinhaltet das Eigene, das individuell im Wesenskern Eingefaltete, der andere das von den Eltern und weiteren wichtigen Bezugspersonen Übernommene, das mit all unseren wachen Sinnen Erfahrene und damit die Bilder, die uns helfen, uns und die Welt zu verstehen. Beide Fäden wurden nicht von uns gewählt – und doch, die Muster und die Formen, die wir daraus weben, sind unverkennbar die Unseren. Unermüdlich spiegeln Kinder die Welt, nehmen sie in sich auf, ahmen nach, üben und üben. Und siehe da, ihre Fähigkeiten und Fertigkeiten wachsen. In dieser Phase stehen sie noch im Erfahrungsspielraum der Erziehung, in dem sie ihre Grenzen Schritt für Schritt erweitern und herausfinden, welche Ergebnisse und Folgen ihr Denken und Tun haben wird. Die Verantwortung für diesen Erfahrungsraum liegt nicht beim Kind, sondern bei den Erwachsenen, die diesen geschützten Übungsraum sicherstellen müssen, immer im Einklang mit dem Entwicklungsstand und den Möglichkeiten des Kindes. Das Kind hat ein Anrecht darauf, einen kindgemässen Spiel-, Entwicklungs- und Entfaltungsraum zu bekommen. Dieser Entwicklungsraum ist mit der Wirkung der Hefe vergleichbar. Fehlen bei der Brotherstellung die Hefe und die anschliessende Ruhe- und Reifezeit, fällt das Brot in sich zusammen und wird hart. Die Verantwortung dafür liegt beim Bäcker; und es würde uns nicht einfallen, sie dem Brotteig zuzuschreiben.

Später, als erwachsene Person, wird der Mensch für sein Strickmuster selber verantwortlich. Der familiäre „Erfahrungsspielraum der Erziehung" hat den Gesetzen und Gepflogenheiten unserer Kultur und Gesellschaft Platz gemacht, und der Mensch hat gelernt, sich anzupassen und seinen „guten Platz" zu finden, ohne sich zu verbiegen.

Rainer Maria Rilke dazu im Stundenbuch:

Ich will mich entfalten.
Nirgends will ich gebogen bleiben,
denn dort bin ich gelogen, wo ich gebogen bin.

1.2 Kollektive Muster

Der Weg zur individuellen Persönlichkeit wird mitgetragen und ist eingebunden in Reaktions- und Handlungsmuster, die Allgemeingut sind. Diese Muster gehören zum Gemeinsamen von uns Menschen, sie reichen über die Kulturgrenzen hinaus und wirken kraftvoll im Hintergrund. Weil sie im Hintergrund wirken, bemerken wir kaum, wie sehr sie unsere Befindlichkeit und unser Verhalten steuern.

Die fünf angefügten Aspekte menschlicher Wahrnehmungs- und Reaktionsmuster sind wach und aktiv, vergleichbar dem Stand-by-Modus bei Elektrogeräten, immer auf Empfang und reaktionsbereit. An sich sind sie weder gut noch schlecht, sie gehören zu jedem von uns und wirken zwischen uns, einfach so.

Im Folgenden sollen diese Muster und Aspekte beleuchtet werden, um ihren sonst verborgenen Wirkungsgrund verständlich zu machen. Verstehen ist der erste Schritt und Grundlage zur bewussten Lenkung dieser Kräfte. Dieses Wissen und Verstehen kann uns darin unterstützen, uns dem kulturübergreifenden Generalkodex anzunähern, der da lautet: „Was du nicht willst, dass man dir tut, das füge keinem anderen zu."

Die fünf Aspekte sind vom Lasalle-Institut[1] übernommen.

---

1   Lasalle-Institut Bad Schönbrunn, CH-6313 Edlibach

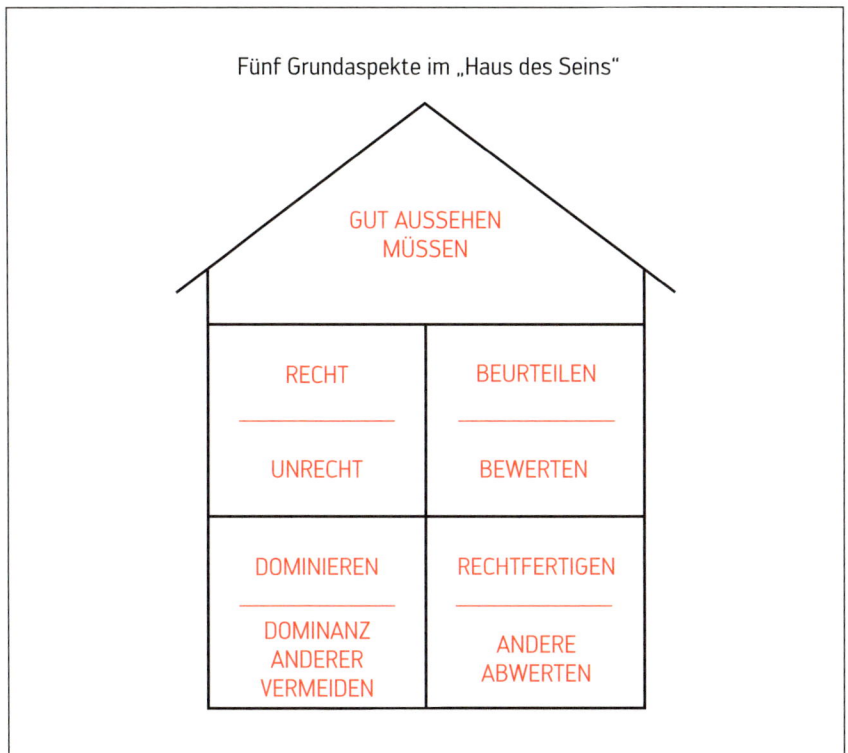

Fünf Grundaspekte im „Haus des Seins"

GUT AUSSEHEN MÜSSEN

RECHT	BEURTEILEN
UNRECHT	BEWERTEN
DOMINIEREN	RECHTFERTIGEN
DOMINANZ ANDERER VERMEIDEN	ANDERE ABWERTEN

1.2.1 Gut aussehen müssen

Bei Menschen, die uns wichtig sind, ist es für uns zentral, einen geachteten, guten Platz zu haben. Dazugehören stellt für alle Menschen ein Grundbedürfnis und ein Grundrecht dar. Dabei ist es uns nicht egal, welches Bild die anderen über uns haben. Wir möchten geachtet, respektiert, wahr- und angenommen sein. Dafür sind wir bereit, vieles zu tun und vieles, auch Schweres, in Kauf zu nehmen. Je nach Zugehörigkeitsgruppe rücken andere Aspekte in das Zentrum des „gut aussehen Müssen", am Arbeitsplatz, bei den Nachbarn, bei den Eltern usw.

Im weitesten Sinne geht es um Würde, Achtung und Respekt. Würde zielt auf den Kern des Menschen, sein Wesen, auch wenn schwierige Verhaltensweisen diesen Wesenskern manchmal verstellen. Wenn die Würde, unser Ansehen, unser Ruf, das Bild, das die anderen von uns haben sollen, gefährdet ist, schützen wir uns in der Regel durch Rückzug, Angriff oder noch mehr Anpassung (Überanpassung).

Wir tun gut daran, mit dem Gegenüber in jeder Situation, im Wissen um sein Bedürfnis „gut aussehen zu müssen", achtsam und respektvoll umzugehen. Es ist wichtig, dass mein Gegenüber und ich immer das „Gesicht" wahren können. Das bedeutet, dass ich Verhaltensweisen, die nicht tolerierbar sind, klar konfrontiere, dieses Konfrontieren aber nicht mit Abwertungen und Verurteilungen kopple.

1.2.2 Recht – Unrecht

Wir alle haben ein eigenes Gespür für Recht und Unrecht. Die Antennen dafür sind immer aktiv, ob nach aussen oder nach innen gerichtet: Ist der Ausgleich zwischen Geben und Nehmen gewährleistet? Wird Vergleichbares mit gleicher Elle gemessen? Bekomme ich, was mir, bekommen wir, was uns zusteht? Ist es gerecht, dass wir Menschen unterschiedliche Talente, verschiedene soziale, materielle usw. Voraussetzungen haben? Wie gleichen wir Unterschiede aus?

Wir leben in einem Rechtsstaat. Die formellen Rechtsfragen und deren Durchsetzung haben wir an staatliche Instanzen delegiert. Die Rechtsprechung hat in allen Kulturen eine zentrale Funktion.

Trotz all dieser Legitimationen und Vereinbarungen gibt es kein absolutes Recht. Schicksal lässt sich nicht in Recht und Unrecht fassen. Und trotzdem, im Alltag ist die Frage nach Recht und Unrecht wesentlich und kann das Lebensgefühl stark beeinflussen.

Im persönlich erlebten Ungleichgewicht von Recht und Unrecht wurzelt auch das Gefühl, zu kurz zu kommen. Viele Menschen sind darin gefangen und verlieren sich in diesem Vergleich mit anderen, denen es scheinbar besser geht, und die das haben, was nach eigenem Empfinden auch uns zustehen würde.

In allen Beziehungen lohnt es sich, auf die Balance der Gerechtigkeit, die Balance zwischen Geben und Nehmen, zu achten. Kinder haben oft ein sehr feines und sehr eigenes Gefühl und Verständnis dafür.

Jedem das Gleiche oder jedem das Seine, das ist eine der grossen Fragen.

Ist es gerecht, wenn beim Ausflug alle gleich viel tragen müssen, die Kräftigen und die Schmächtigen?

Den bewussten und achtsamen Umgang mit dieser Balance gilt es zu lernen und zu üben. Es ist Aufgabe der Erwachsenen, dem Kind Einsichten in diese Thematik zu vermitteln und in diesem Erfahrungsfeld Vorbild zu sein. Das Wissen um die grosse Kraft, die im Ausbalancieren von Geben und Nehmen wirkt, kann uns einen sorgfältigen Umgang damit erleichtern. Gerechtigkeit ist nicht etwas, was wir besitzen. In Richtung Gerechtigkeit sollen wir uns aktiv gegenseitig unterstützen, auch als Modell in der Erziehung.

1.2.3 Beurteilen – Bewerten

Zwischen unseren Wahrnehmungsorganen und dem Bewusstsein wirkt bei jedem von uns ein Beurteilungs- und Bewertungsfilter.

Es ist eine Illusion zu meinen, dass wir einander offen zuhören können. Alles, was wir hören, lesen oder sehen, wird, ohne dass wir dies bemerken, durch eine innere Instanz beurteilt und bewertet. Unablässig wägen wir im inneren Dialog ab, stimmen zu, erheben Einwände und gleichen so alles, was an uns herankommt, mit unseren schon bestehenden inneren Bildern ab. Ohne diesen vorbewussten Filter des Bewertens und Beurteilens können wir nicht wahrnehmen. Es ist gut, um diese Filter zu wissen und die Bilder, Werte und Normen zu kennen, an denen wir Neues und Fremdes messen.

Erst so können wir unseren eigenen Bewertungen und Beurteilungen und deren Hintergründen auf die Spur kommen und nachfragen: „Wie hast du das gemeint? Welches sind deine Absichten? Was ist dir wichtig?" – um so mich, dich, die Welt besser zu verstehen.

1.2.4 Dominieren – Dominanz anderer vermeiden

Wo Menschen zusammenleben, ob in der Familie, in der Gemeinde oder im Staat, müssen die Verantwortlichkeiten und die Führung definiert sein. Erst wenn diese Fragen geklärt, der Rahmen und die Rollen eindeutig abgesteckt sind, beginnt eine Gemeinschaft zu funktionieren. Ohne Klärung der Rollen und ohne Zuordnung der Macht ist die Kraft der Einzelnen und der Gruppe gebunden und kann erst nach dieser Klärung für sich selber und die Gemeinschaft dienstbar gemacht werden.

Wir haben ein feines Gespür für diese Rangordnung, die mit Macht, Ansehen, Schutz und Zugehörigkeit gekoppelt ist. Feinste Veränderungen in diesem Gefüge stören das labile Gruppengleichgewicht. Alle sichern sich eine möglichst gute Position, was auch immer „gute Position" heissen mag.

Fehlt diese Orientierung und bleibt die Führungsfrage ungeklärt, holt sich jede Gruppe Aufschluss, sei das über eine Phase der Anarchie, des Tumultes oder der Sabotage. Diese Kräfte wirken von der Familie über Vereine, der Gemeinde bis hin zum Staat und selbst darüber hinaus. Damit Systeme sich erfolgreich weiterentwickeln können, sind Rollenklärungen in Bezug auf diesen Aspekt immer wieder wichtig. Wer hat bei welchem Thema welche „Macht" und trägt damit verbunden welche Verantwortung? Im Kontext der Erziehung wird uns diese Thematik unter dem Begriff „Hierarchie" wieder begegnen.

Der Aspekt der Dominanz ist eng verbunden mit dem Aspekt Gerechtigkeit.

1.2.5 Rechtfertigen – andere abwerten

Eine Meinung ist die Vorstellung eines Sachverhaltes, einer Situation, die sich ein Mensch oder eine Gruppe von Menschen aufgrund verschiedenster Aspekte zu einem „Bild" zusammengefügt hat. Dass Menschen unterschiedliche Meinungen haben, ist normal und gesund. In diesen Unterschieden liegt die Möglichkeit neuer Erkenntnis.

Menschen neigen aber dazu, sich mit ihren Meinungen zu identifizieren: „Ich bin meine Meinung!" Das führt dazu, dass uns andere Meinungen scheinbar angreifen. Eine andere Meinung verleitet uns oft dazu, unsere Sichtweise vehement zu rechtfertigen, zu untermauern. Bald geht es nicht mehr darum, einen Sachverhalt oder eine Situation möglichst ganzheitlich zu erfassen, sondern darum, die eigene Meinung durchzusetzen. Dadurch verpassen wir die Chance, neue Einsichten und Blickwinkel zu erfahren. Unterschiede zwischen Meinungen können als echte Annäherung an das, worum es eigentlich geht, genutzt werden.

1.2.6 Zusammenfassung

Diese fünf Aspekte sind kraftvolle „Felder". Sie kommen in Beziehungen zwischen einzelnen Menschen, Familien, Menschengruppen und ganzen Völkern unterstützend oder belastend zum Tragen.

In der Erziehung wirken sie auf der Ebene der Erwachsenen und auch generationenübergreifend, zwischen den Erwachsenen und den Kindern/ Jugendlichen. Es bestimmt die Beziehungen, wie wir einander innerhalb dieser fünf Felder begegnen. Im Wissen um diese fünf Felder können wir einen konstruktiven Umgang miteinander lernen, Schritt für Schritt. Wenn wir Erwachsene lernen, tun es die Kinder auch. An uns und durch uns lernen sie.

Lernen meint die Bereitschaft und Offenheit, den eigenen Standort und seine Bilder, Vorstellungen und Meinungen zu reflektieren. Es gilt, in lebendigen Kontakt mit neuen Erfahrungen und anderen Meinungen zu kommen und sich auf diesen Hintergründen neu zu positionieren. Lernen ist vergleichbar mit dem Wachsen eines Baumes, der neue Äste und neues Wurzelwerk spriessen lässt, sichtbar neu Erworbenes, Gelerntes.

Erziehen bedeutet, dass Erwachsene die Kinder in verschiedensten Situationen auch mit Fehlern, Unrecht und Misserfolgen konfrontieren müssen. Konfrontieren bedeutet hinschauen, was war. Und dies möglichst aus verschiedenen Perspektiven, damit Strategien entwickelt werden können, die zukünftig mehr „Erfolg" versprechen. Dabei gibt es Situationen, in denen der Handlungsspielraum zwischen Eltern und Kindern ausgehandelt werden kann, und solche, bei denen die Eltern den Rahmen aufgrund ihrer Verantwortung verbindlich vorgeben.

Bei solchen Gesprächen und Auseinandersetzungen sind die fünf Aspekte in uns allen sehr wach und können in ihrer negativen wie auch in ihrer positiven Wirkung stimuliert werden. Negativ und positiv meint hier, die Entwicklung des Menschen in Richtung „Aufbau des inneren Haltes" zu hemmen oder zu fördern. (vgl. S. 39)

Es lohnt grundlegend, sich zu vergewissern:
- Wie gelingt es, dass in konkreten Situationen beide (alle) Seiten ihr Gesicht wahren können? Das Modell Gewinner/Verlierer ist auf die Dauer nicht tauglich und führt zu Eskalation und/oder Rückzug.
- Wie bringe ich meine Themen klar und vor allem ohne Abwertungen auf den Tisch?
- Wie mache ich als Elternteil (Lehrperson) deutlich, dass die Verantwortung bei mir liegt, dass ich den Verhandlungsrahmen abstecke und die Weite des aktuellen Entwicklungsfeldes bestimme – und dies, ohne das Kind klein und mundtot zu machen und trotzdem sein Mitspracherecht zu erhalten?
- Wie gelingt es mir, die Argumente und Sichtweisen des Gegenübers fair und respektvoll wahr- und aufzunehmen und wenn möglich Teile davon in die Lösungsfindung einzubeziehen?

Aus verschiedensten Richtungen und mit wechselnden Hintergründen werden diese Fragen immer wieder auftauchen und Sie herausfordern. So werden Sie vertrauter mit diesem „Hintergrundsmuster" und hinter konkreten Fragen und Situationen öffnen sich – das wäre das Ziel – zunehmend Ansätze für konstruktive Handlungsspielräume.

1.3 Die individuelle Geschichte

Zu jedem Menschen gehört seine individuelle Geschichte. Diese setzt sich zusammen aus unzähligen konkreten, persönlich erlebten Situationen, die erinnert werden können. Wenn uns eine starke Erinnerung – „eine frühere Version meiner selbst"[2] – „einholt", kommen wir in lebendigen Kontakt mit der damals erlebten Situation, ja mit allem, was dazugehörte (Freude, Wut, Enge usw.)

So gibt es in jeder Biografie Situationen in der Vergangenheit, die einfach schön, toll und gut waren. Daneben tauchen schlimme und schreckliche Begebenheiten auf. Und dazwischen finden sich alle Abstufungen und Nuancen. Diese Bandbreite ist normal und gehört zu jedem Leben. Die individuelle Geschichte lässt sich bildlich durch eine lange Stuhlreihe darstellen.

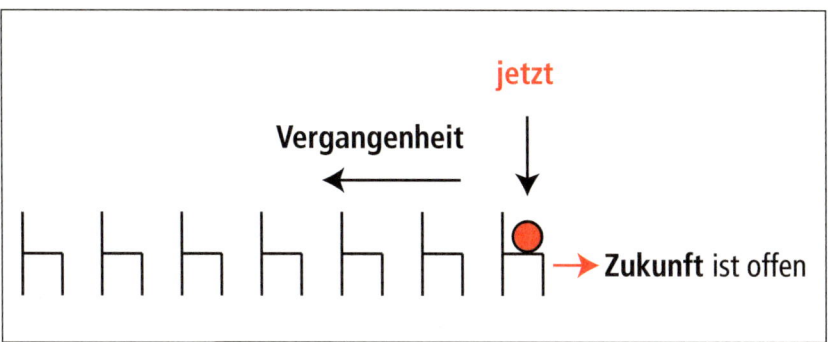

---

2   Formulierung übernommen von Matthias Varga v. Kibéd

Der vorderste Stuhl symbolisiert JETZT, heute. Dahinter reihen sich symbolisch Situationen aus der Vergangenheit.

Das aktuelle Leben findet ausschliesslich auf dem vordersten Stuhl statt. Nur dort können wir Situationen meistern, das Leben leben. Unsere Erfahrungen und eine gute Verbindung zu den „hinteren Stühlen" können uns unterstützen und ein gutes Fundament bilden, für das, was jetzt zu tun ist.

Oft halten uns aber „alte Stühle", oder mindestens ein „alter Stuhl", gefangen. Wir kreisen um einen „Vergangenheitsstuhl", wie Motten um eine brennende Lampe kreisen. Wir sind in einem alten Verhaltensmuster gebunden und kommen nicht mehr davon los. Das Verhaltensmuster, das uns früher einmal schützte oder weiterbrachte, taugt heute vielleicht nicht mehr. Und trotzdem wiederholen wir das Muster wieder und wieder, ohne einen wirklichen Schritt voranzukommen.

Das ist veränderbar. Alles, was wir einmal lernten (im früher verwendeten Bild der zwei Fäden), können wir neu lernen, umlernen. Dieses Neulernen wird uns nicht geschenkt, es bedeutet Anstrengung und wir müssen uns dafür entscheiden. Fürs Neulernen sind wir oft auf Hilfe und Unterstützung von aussen angewiesen, auch das ist normal. Wenn es uns gelingt, „nach rückwärts Gebundenes" in Verbundenes zu wandeln, machen wir uns vorher gebundene Kräfte und Energien dienstbar – wir machen uns frei.

Nicht abgeschlossene Situationen und Themen aus der Vergangenheit sind vergleichbar mit einem nicht zu Ende gezeichneten Kreis. Durch die Öffnung entweicht Lebenskraft und versickert in den Untergrund. Dadurch bleiben wir manchmal hinderlicherweise partiell an die Vergangenheit gebunden und sind nicht frei für das, was vor uns liegt.

Was da an die eigene Tür klopft, ist eine „frühere Version meiner selbst", ein inneres Kind, das in der damals ungelösten und schwierigen Situation stecken geblieben ist und sich nach Hilfe und Befreiung sehnt. Heute, jetzt, mit den Erfahrungen, die ich seither gemacht habe, und mit dem neu dazuerworbenen Wissen kann ich die Situation von damals gewandelt verstehen und neu ordnen. Heute kann ich besser verstehen, was mich damals umtrieb, kann das Geschehene einordnen im Umfeld von damals, samt meinen damaligen Möglichkeiten und Grenzen.

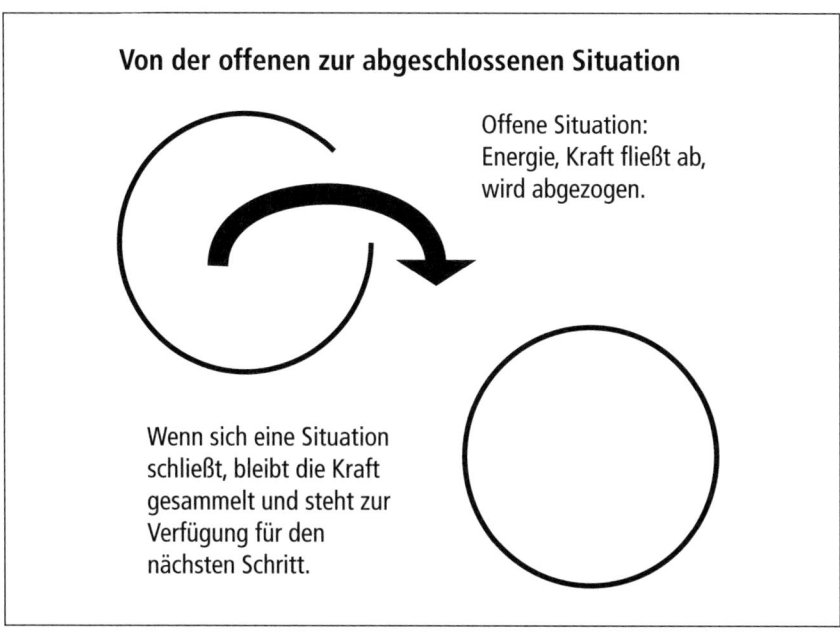

Von der offenen zur abgeschlossenen Situation

Offene Situation:
Energie, Kraft fließt ab,
wird abgezogen.

Wenn sich eine Situation
schließt, bleibt die Kraft
gesammelt und steht zur
Verfügung für den
nächsten Schritt.

Auf diese Weise kann ich heute meinem inneren Kind von damals helfen, den „Kreis" zu schliessen und sich mit der Vergangenheit schrittweise zu versöhnen. Dieser Schritt stiftet eine kraftvolle, gesammelte Präsenz im Hier und Jetzt. Oft sind Menschen für diesen inneren Weg auf äussere Begleiter angewiesen, die sie darin unterstützen, Situationen von damals anzuschauen und zu ordnen, mit dem Ziel, das Leben heute aktiv und in seiner Gänze zu nehmen und zu gestalten. Vom vordersten Stuhl aus, in Verbundenheit mit der Stuhlreihe hinter ihm (mit seiner Geschichte) und ohne dass ein Stuhl aus der Vergangenheit die Zukunft verstellt, können wir kraftvoll und gelingend den nächsten Schritt tun.

Wenn es uns gelingt, Berge zu versetzen, dann nur aus der Präsenz und der Kraft des vordersten Stuhls heraus.

Stühle aus der Vergangenheit können hemmend wirken. Sie stellen sich zwischen uns und die Zukunft, sie stellen sich uns in den Weg. Damit verbaut eine Erfahrung aus der Vergangenheit – und meist sind es belastende, hemmende Erfahrungen – die gelingende Bewältigung einer neuen, ähnlichen Situation in der Zukunft. Negative Erfahrungen aus der Vergangenheit haben oft die schlechte Eigenschaft, uns die Zukunft zu verbauen. Wenn es uns gelingt, die Vergangenheit aus der Zukunft heraus zu nehmen, stellen sich oft neue und vorher nicht vorstellbare Lösungen ein.

Übrigens, wenn wir Angst erleben, setzen wir uns in der Regel unvermittelt auf einen Stuhl in der Vergangenheit. Damit ist die Angst gemeint, die unser Leben einschränkt, bindet und uns hemmt, das Mögliche zu tun.

„Angst ist die Kraft, die uns an den Punkt zurückführt, an dem wir das Vertrauen verloren haben.“

Befürchtungen, zum Beispiel ein mulmiges Gefühl vor einem Elterngespräch in der Schule, deuten darauf hin, dass wir an einen „Vergangenheitsstuhl“ gebunden sind. Die Lösungsbewegung geht in Richtung „vorderster Stuhl“. Das Schlüsselwort lautet Vertrauen.

Erst wenn mindestens in einem kleinen Bereich eine Vertrauensbasis besteht, wenn sich beide Seiten sicher sind, etwa Eltern und Lehrperson, dass keine Seite dem Kind „bös will“, erst dann scheint ein gemeinsamer Weg in Richtung Lösung realistisch zu sein. Wie muss die Situation gestaltet, vorbereitet, geklärt sein, dass Vertrauen, mindestens im Ansatz, möglich wird und dadurch das Vorrücken auf den vordersten Stuhl gewagt werden kann?

Eine allgemeintypische Formulierung, die den Weg zum vordersten Stuhl ebnet, könnte folgendermassen lauten:

„Was aus Ihrer Sicht würde es Ihnen erleichtern, einer guten Lösung eine Chance zu geben, was könnte ich dazu beitragen?“ Wenn darauf hin das Gegenüber äussert: *„Ich weiss nicht“*, kann die Einladung *„Was vermuten Sie?“* helfen, die Tür langsam zu öffnen und sich auf den vordersten Stuhl zu wagen.

Denn nur von dieser vordersten Position aus lassen sich Situationen echt klären und Probleme lösen. Auf den hinteren Stühlen tun wir lediglich so als ob – und das ist reine Zeitverschwendung.

1.4   Das gesellschaftliche Umfeld

Erziehung ist immer eingebunden in einen gesellschaftlichen Rahmen. Die Gesellschaft sichert über verschiedene Regelwerke das geschützte Entwicklungs- und Lernfeld der Kinder. Das Vormundschaftsrecht, die Gesetze und Verordnungen im Bildungsbereich und weitere Grundlagen stecken die übergeordneten Rahmenbedingungen ab, die die individuelle Entwicklung und Bildung der Kinder und Jugendlichen sicherstellen sollen.

Erziehung ist nie isoliert zu verstehen, sondern nur mit wachem Blick auf das individuelle Kind **und** den Kontext (Gesellschaft, Familie, Schule usw.)

Da unsere Gesellschaft und unsere Kultur rasch fortschreitenden Veränderungen unterliegen, verändern sich auch die Rahmenbedingungen und die darin enthaltenen Wert- und Normvorstellungen in der Erziehung.

Diese Veränderungen sind weder zu begrüssen noch zu verurteilen, sie sollten nicht als gut oder schlecht betrachtet werden, es gibt sie einfach. Die aktuelle Realität bildet die Erziehungsgrundlage. Um Erziehung gelingend zu gestalten, erscheint es notwendig, auf das zu schauen, was ist und wirkt.

1.4.1   Beobachtungen zum aktuellen Kontext

Um zu verstehen, warum Erziehungsmodelle und deren Regeln, die noch vor zwanzig Jahren Erfolg versprachen, heute allenfalls versagen, müssen Hinweise auf Veränderungen im übergeordneten gesellschaftlichen Kontext gesucht werden.

Der Ruf nach altbewährten Erziehungsmitteln und Strukturen trägt diesen Veränderungen nicht Rechnung.

Im Anschluss finden Sie einige Gesellschaftsaspekte, die sich in Veränderung befinden und aus meiner Sicht starke Rückwirkungen auf das Feld der Erziehung haben. Sie fordern uns heraus, entsprechende Antworten zu entwickeln.

Von diesen Aspekten gibt es auch das Gegenteil und das noch ganz Andere! **Generalisierungen sind mit Vorsicht zu geniessen.**

- Gesellschaftliche Übereinstimmungen zu zentralen Lebensfragen, wie beispielsweise Wertvorstellungen, Ethik, Lebenssinn, Solidarität, sind in unserer Kultur kaum mehr vorhanden. Formell gelten die abendländisch-christlichen Werte. Wirksam aber erlebe ich Werte wie Besitz, Statussymbole, soziale Stellung, Unverbindlichkeit, Konsum, Medienpräsenz, Gewinn, „sich alle Optionen offen halten" usw.

- Die weltweite Vermischung von Völkern und Kulturen fordert eine wachsende Durchlässigkeit der eigenen Kulturgrenzen und führt zu neuen Situationen und Aufgaben.

- Erziehung braucht Zeit, viel Zeit. Zeit für Erziehung ist heute Mangelware und geniesst wenig Wertschätzung. So wird oft Erziehungszeit an Medien wie TV, Play Station, Internet, Handy usw. abgetreten.

- Kinder und Jugendliche sind auf Orientierung, auf Unverhandelbares, auf Vorbilder angewiesen. Sie brauchen nicht nur Erwachsene mit einem klaren Standort, sondern auch tragende Beziehungen zu Erwachsenen, die bereit sind, mit ihnen zu ringen, Reibungsfläche zu sein. Über diese Reibungsflächen finden junge Menschen zu sich, entdecken ihren eigenen Standort.

- Verantwortung übernehmen, Stellung beziehen, sich zeigen macht angreifbar. Viele Erwachsene sind heute nicht mehr bereit, in diesem Sinne Verantwortung zu übernehmen. Die Gefahr, in heiklen Situationen juristisch nicht abgesichert zu sein, macht Angst. Die Macht des Rechtsweges, der „*Juristerei*", kann lähmen und die Menschen abstumpfen.

- Die Leistungserwartung an Menschen ist hoch, die beruflichen Belastungen nehmen zu, ebenso die Angst, nicht zu genügen, mit den dauernden Veränderungen nicht Schritt halten zu können.
- Die Familienstrukturen haben sich verändert. Viele Eltern leben getrennt, als Alleinerziehende oder in neuen Familienformen.
- Die Begriffe Konstanz, Treue, Verbindlichkeit, Verantwortung, Verlässlichkeit, Integrität nehmen an Bedeutung ab.
- So wie Familien heute organisiert sind, gibt es zu Hause wenig sinnvolle *„Arbeit"* für die Kinder. Arbeit, die Kinder Sinn erfahren lässt und ihnen angemessen Verantwortung überträgt.
- Viele Väter sind in der Ausübung ihrer Vaterverantwortung „zu abwesend".
- Viele Mütter sind in der Ausübung der Mutterverantwortung „zu anwesend".
- An der Primarstufe unterrichten fast ausschliesslich Lehrerinnen. Viele Knaben haben kaum noch konkrete Erfahrungsfelder mit Männern. Damit sie selber Mann werden können, ist ein verbindliches Auseinandersetzungsfeld mit Männern notwendig.
- Viele Väter und viele Mütter erleben sich in wesentlichen Erziehungs- und Lebensfragen als auf sich allein gestellt, viele werden von Schuldgefühlen geplagt. Erziehung ist oft auf zu wenigen Schultern verteilt, findet in isoliertem Raum statt und führt zu Isolation.
- Kinder und Jugendliche haben oft wenig Möglichkeit, sich neu angeeignete Strategien, Verhaltensweisen und Modelle bei verschiedenen Erwachsenen niederschwellig zu erproben und aus den unterschiedlichen Reaktionen der Umwelt zu lernen. Sie brauchen ein ihnen zugewandtes und vielfältiges Erwachsenennetz, das ihnen Realität zutraut und zumutet.
- Neue medizinische Entwicklungen ermöglichen heute Kindern zu überleben, die ohne diese Entwicklungen nicht lebensfähig wären (zum Beispiel Früh- oder Mangelgeburten). Bei diesen Kindern können die motorische, sensorische, kognitive und emotionale Entwicklung und

die Entwicklung der Wahrnehmungsverarbeitung oft verzögert oder sehr heterogen verlaufen. Das Kind wie auch die Eltern und die weiteren Bezugspersonen werden dadurch vor besondere Anforderungen gestellt.

1.5 Das Paar

Wie schon bekannt, werden wir nicht als Paar geboren, sondern als Kind in unserer Familie. Erst viel später, nach Kindheit, Pubertät, Berufswahl usw., kann es sich fügen, dass zwei sich treffen, sich verlieben und den weiteren Weg gemeinsam unter die Füsse nehmen wollen.

Vordergründig treffen sich zwei unabhängige und eigenständige Individuen. Sie wählen einander, ein Bekenntnis und ein Versprechen zwischen ICH und DU zum WIR.

Im Hintergrund treffen und verbinden sich in dem Paar neben den Individuen auch die in ihnen verinnerlichten Herkunftsfamilien und Kulturen. Die Traditionen, Wertsysteme, Ansprüche und Besonderheiten dieser Herkunftsfamilien wirken zu Beginn der Beziehung kaum merklich im Hintergrund.

In emotional besetzten Situationen, wie etwa bei Feiern, Festtagen, wird die Kraft der individuell verinnerlichten und aussen wirksamen Herkunftsfamilien meist offensichtlich und stellen für das neue Paar oft eine grosse Herausforderung dar. Sie geraten oft in einen Loyalitätskonflikt zwischen Herkunftsfamilie und Partner/Partnerin.

Mit einer festen Paarbeziehung gründen die beiden ein neues System, das Vorrang vor den Systemen der Herkunftsfamilien hat.

Es liegt im Aufgabenbereich des Paares, aus den Traditionen und Wertsystemen der jeweiligen Herkunftsfamilie eine neue, eigene Form zu entwickeln. Dabei sollten beide Seiten, beide Traditionen, angemessen geachtet und einbezogen werden, denn in ihnen stecken Kraft, Geschichte und Erfahrung. Diese Kraft der beiden Familienwurzeln gilt es, auf neuem Boden in einer Wachstumsbalance neu zusammenzuführen und zu nutzen. Eine unfreundliche Übernahme oder eine voreilige Überanpassung einer Seite hat in der Regel keine Zukunft.

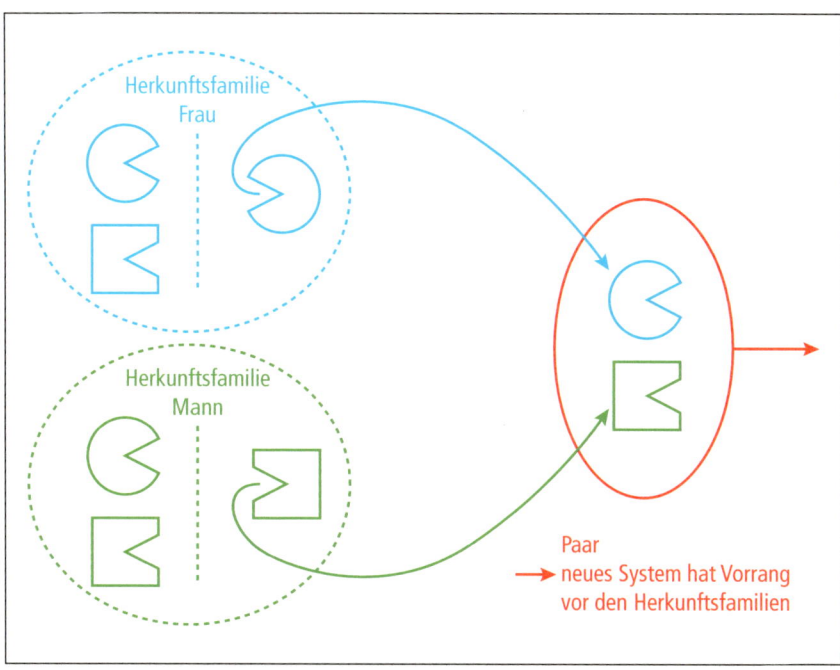

Besonders bei wichtigen, emotional besetzten Themen und Anlässen wird diese Verbindung zur Herkunftsfamilie offensichtlich.

- Wo und in welcher Form gestalten wir Weihnachten, Ostern, Geburtstag, Muttertag usw.?
- Welches ist die für uns neue, passende Form?
- Wie gehen wir dabei mit den Ansprüchen und Erwartungen unserer Herkunftsfamilien um?
- Wie gelingt es uns, einerseits die eigene Form zu entwickeln und andererseits gut mit unserer Geschichte verbunden zu bleiben?

Die Erfahrung zeigt, dass es eine grosse Aufgabe ist, dem neuen System Familie eine eigene und eingebundene Identität und Bedeutung zu geben.

Daran schliessen sich die Grundfragen:

- Was ist uns in unserer Beziehung wichtig?
- Wie sieht in unserer Beziehung die Balance zwischen ICH und WIR aus?
- Nach welchen Regeln wollen wir unser Zusammenleben gestalten?
- Wie sieht unser Tagesrhythmus, unser gemeinsamer Lebensrhythmus aus?
- Auf welche Ziele, Werte, Visionen wollen wir uns ausrichten?
- Was ist es, das uns trägt? Wo sind die Grenzen dessen, was ich toleriere bzw. du tolerierst?
- Wie halten wir es mit dem Spannungsfeld Toleranz/Verbindlichkeit?

Die Bereitschaft, einander solche Fragen zu stellen, sich diese Fragen zuzutrauen und auch zuzumuten, ist Teil der Paarbeziehung. Dabei geht es nicht darum, immer gleicher Meinung zu sein, wichtiger ist, Unterschiede wahrzunehmen und zuzulassen und den Umgang damit auszuhandeln. Die Auseinandersetzung mit diesen Grundthemen verbindet, macht miteinander vertraut und klärt Haltungen. Das stellt eine gute und wichtige Voraussetzung für Elternschaft und Erziehung dar.

1.6 Elternschaft

Elternschaft beginnt schon in der Zeit der Schwangerschaft. In dieser Zeit werden Bilder und Vorstellungen, die vorher noch vage und verschwommen waren, plötzlich nah und real. Die erste Zeit der Elternschaft ist in vielen Dingen eine Zwischenzeit, in der man sich auf die Ankunft des Kindes vorbereitet, in der Paarbeziehung erhalten neue Fragen Bedeutung. Mit vielen Fragen gehen die künftigen Eltern auch ganz eigene, intime Wege.

Bei ganz alltäglichen Entscheidungen und eingeschliffenen Handlungen wird deutlich, dass nach der Geburt neue Verantwortlichkeiten zum Tragen kommen. Eltern sein bedeutet, einen Teil der eigenen Bedürfnisse „auf Zeit" zurückzustellen. Die beiden Wörter „auf Zeit" sind dabei wesentlich, denn die künftigen Eltern werden dem noch kleinen Kind eigene Kompetenzen und Sicherheiten nur so lange „leihen", bis es diese verinnerlicht und sich zu eigen gemacht hat.

Wenn das Neugeborene zu Hause ist, wird es unter anderem eine absehbare Zeit geben, in der weder Mama noch Papa einfach so durchschlafen können, und so gibt es vieles, auch Altgewohntes und Liebgewonnenes, das sich neu finden muss, im neuen Rhythmus zu dritt.

In dieser Zeit werden viele künftige Eltern mit einer Flut von Ratschlägen, Ratgebern und Anweisungen konfrontiert, die verunsichern und dazu verleiten kann, sich möglichst viele Informationen zu sichern.

Die Erfahrung zeigt, dass weniger oft mehr ist. Sich auf seine Wahrnehmungen zu verlassen, diese mit seinem Partner, seiner Partnerin und eventuell mit Freunden in Austausch zu bringen und dann gemeinsam die Richtung des nächsten Schrittes zu finden, verbindet und stiftet gleichzeitig Vertrauen in eigene Fähigkeiten. Das wirkt auch nach innen und schafft Schritt für Schritt elterliche Kompetenz.

Neue Themen werden konkret:

- Was ist mir als Mutter wichtig bzw. was ist mir als Vater wichtig?
- Für was stehe ich bzw. stehen wir in der Begleitung und Erziehung meines bzw. unseres Kindes ein, was will ich bzw. wollen wir vermeiden?
- Beruf und Familie, wie geht das? Wer übernimmt welchen Teil in diesem „Ganzen"?
- Welche Werte sollen in unserer neuen Familie wichtig sein, welche Kultur wollen wir nach innen und aussen pflegen?
- Wie finden wir als Eltern in wichtigen Fragen eine gemeinsame, tragende Haltung, wie gehen wir mit Unterschieden um?
- Wie unterstützen wir einander?

- Hat jeder bzw. jede von uns noch individuelle Eigenräume, haben wir Eigenräume als Paar, und wie sichern wir diese „Eigenräume"?

Elternschaft hat man nicht, wird sie nie haben. Elternschaft entwickelt sich mit jedem Kind und jeder Situation neu und nährt damit den Fundus elterlicher Erfahrungen.

„Eltern sind in der Regel genügend gut – und ‚genügend gut'" reicht aus. Dieser Satz hat in einem Seminar für Irritation gesorgt. Aber es lohnt sich, darüber nachzudenken.

Stellen Sie sich vor, ihre Eltern hätten immer, in jeder Situation richtig, pädagogisch wertvoll und umsichtig gehandelt, nie einen Fehler gemacht. Schrecklich.

Der Ausdruck „genügend gut" entlastet und schützt vor Perfektionismus und zu hohen Erwartungen. Er führt zurück zum Gewöhnlichen, dem gut Möglichen.

....

Das Mögliche

Das Mögliche ist das Machbare.
Wenn wir dem Möglichen zustimmen, es anpacken und realisieren, machen wir gute Arbeit und – wir tragen angemessen Sorge für uns, unsere Kinder und unsere Welt.

In einer Zeit der Effizienz, der Optimierung, der Qualitäts- und Leistungssteigerung bei gleich bleibenden oder sich verknappenden Mitteln laufen wir Gefahr, dass wir uns und unsere Mitmenschen über das gesunde Mass hinaus fordern lassen.
Wir werden in ein Netz von vermeintlichen Sachzwängen und Anforderungen eingespannt.

Wesentlich ist es, sich in solchen Zeiten auf unsere Kernaufgaben auszurichten und die darin enthaltenen übergeordneten Ziele zu sammeln, um dann aus dieser Sammlung heraus das Mögliche – Schritt für Schritt – zu tun.

Dieses Mögliche hat Kraft und Zuversicht. Es ist in Bewegung, ausgerichtet auf ein Ziel und offen für Austausch und Beziehung.

....

2. Erziehung konkret

2.1 Innerer Halt

Ziel von Erziehung ist der Aufbau des inneren Haltes bei jedem Einzelnen (vergl. Paul Moor).

Erwachsene, primär die Eltern, später Lehrpersonen usw., begleiten Kinder und Jugendliche im Aufbau dieses inneren Haltes. Kommt ein Kind auf die Welt, ist Letzterer noch kaum entwickelt, und das Kind ist darauf angewiesen, dass die Eltern ihm diesen Halt geben. In der Folge will er gefördert, gelockt, unterstützt, gefestigt, geübt werden – und vieles mehr. Die Bewegung in Richtung des inneren Haltes beginnt ganz nah bei der Mutter, in der Familie, weitet sich nach und nach aus, in dem Mass, wie Fähigkeiten und Fertigkeiten des Kindes wachsen. Das Fernziel ist die Selbstständigkeit.

Aufgebauter, innerer Halt bedeutet, dass junge Erwachsene einen guten Platz finden in sich, bei den Menschen und auf dieser Welt mit ihren Realitäten, in der Arbeit – und dass sie in ihrem Sein und Tun Sinn erfahren können.

Dieser innere Halt entwickelt sich über den äusseren Halt. Den äusseren Halt geben die Erwachsenen, primär die Eltern, Verwandte, Freunde, Lehrpersonen und viele weitere Menschen.

Die ersten Lebensmonate sind für das Neugeborene die Zeit des DASEINS. Das neugeborene Kind muss nichts tun. Alle notwendigen Funktionen sind da und für alles andere – den angemessenen äusseren Halt – sorgen die Eltern, rund um die Uhr. In dieser „nährenden Umgebung", gekennzeichnet durch Wohlwollen, Freude, Aufmerksamkeit, Zugewandtsein und Verbindlichkeit, öffnen sich dem Kind die Sinne, und es wendet sich seinerseits dieser „nährenden Welt" zu. Stellvertretend für die Welt erfährt es zuerst seine Mutter. Über sie, später über den Vater, die Geschwister und andere wichtige Bezugspersonen, wächst das Vertrauen in sich, die

Menschen und die Welt. Der äussere Halt ist einfach da und stellt trotz Erfahrungen des Getrenntseins einen Garanten für Sicherheit, Vertrauen und Beziehung dar.

Die Qualitäten, Formen und Anforderungen des äusseren Haltes wandeln sich im Laufe der Zeit stark, sie passen sich dem Entwicklungsstand des Kindes an, manchmal wie von selbst, manchmal mit starken „Wehen". Ohne den äusseren Halt kann der innere Halt, das Vertrauen in das Eigene, nicht wachsen.

In dieser ersten Zeit teilen die Eltern viel DASEIN mit ihrem Kind. Dabei ahnen und erfahren sie schon ganz früh seine Einzigartigkeit. Jenseits von Sprache findet vom Neugeborenen zu den Erwachsenen auf geheimnisvolle Weise ein Dialog statt. Oft tauschen Eltern in der Zeit solche Wahrnehmungen gegenseitig aus, verbunden mit guten Wünschen für ihr Kind. Die Gesichter „neuer Eltern" strahlen ein ansteckendes, wohltuendes Leuchten aus. Dabei kommen sie mit einer wichtigen Aufgabe des Elternseins in Kontakt, dem Hinhorchen zum Kind mit den Fragen: Wer bist du? Was ist es, was DU – und nur Du – in diese Welt bringst? Was ist dein Eigenes, dein Besonderes?

Es schliessen sich Fragen an sich selber und an die Elternschaft an: Bin ich bereit, dich mit all deinem Besonderen zu nehmen als mein Kind? Gelingt es mir, dein Eigenes zu achten, auch wenn ich mir einiges davon anders gewünscht (geträumt) habe?

In Kontakt mit diesen Fragen und Erfahrungen wachsen die Eltern. Sind sie dem Kind zugewandt und im Austausch untereinander, zudem angemessen offen zum Bezugsnetz der Herkunftsfamilien und der Freunde, stellt dies die besten Voraussetzungen für eine gelingende Erziehung dar.

2.2   Dialog der beiden Hände

Erziehung kann mit dem Dialog unserer beiden Hände verglichen werden, wobei die beiden Hände die zwei wesentlichen Aspekte gelingender Erziehung symbolisieren.

Dieser bildliche Erziehungsdialog beginnt mit der **linken Hand**. Sie ist nahe beim Herzen und mit diesem verbunden. In die linke Hand wird das Kind bildlich hineingeboren, von ihr wird es nach der Geburt getragen, gehalten und genährt. Sie ist Sinnbild für die oben beschriebene Phase des DASEINS. Die linke Hand trägt, schützt, stützt, sorgt und ist einfach da, ohne Wenn und Aber. Sie legt den Grundstein für das Urvertrauen des Kindes. Nichts braucht das Kind in dieser Zeit zu müssen. Auf und in dieser Hand fühlt es sich einfach wohl, nichts mangelt. Auf dieser Hand erfährt es sich angenommen mit allem, was zu ihm gehört. Es erfährt die Grunderlaubnis DA-ZU-SEIN, Platz zu haben, dazuzugehören zu dem sich weitenden Kreis seiner Wahrnehmung, „seiner Welt".

Später, wenn diese Grundsicherheit und dieses Grundvertrauen angebahnt sind, wird sachte und klar die rechte Hand aktiv, immer auf der Grundlage und der Grunderfahrung der tragenden linken Hand.

Die **rechte Hand** ist handelnd. Ergänzend und immer in Kontakt mit der linken Hand fördert und fordert die rechte Hand, sie begrenzt und schützt aktiv, sie traut und mutet dem Kind Entwicklung, Welt und Realität zu. Sie zeigt und erklärt, sie weist auf realistische Ziele hin und unterstützt aktiv auf dem Weg zum Erfolg.

So stehen die beiden Hände im Dienste des Aufbaus des inneren Haltes. Auf diesem Weg erwerben die Eltern bzw. die Lehrpersonen im Laufe der Entwicklung der Kinder und Jugendlichen neue und erweiterte „Dialogkompetenzen". Wenn die Eltern die Fähigkeit, hinzuhorchen, hinzufühlen und hinzuschauen auf ihr Kind, nicht verlernt haben, werden ihre beiden Hände die passenden Antworten entwickeln.

Zusammen ergeben die beiden Hände das Ganze und das Ganze hat eine Reihenfolge und braucht Zeit.

Entwicklungshemmende Aspekte der beiden Hände

Wenn nur die linke tragende und nährende Hand wirkt, ohne die Ergänzung der Rechten, kehrt sich ihr Segen zum Nachteil. Wenn die linke Hand das Kind vor dem Leben schützen will und sich immer mehr um dieses schliesst, erstickt das Kind an Überfürsorge, es verliert den Kontakt zur Welt und kann sein Eigenes nicht entwickeln. Anstelle von Vertrauen wächst Leere, Hoffnungslosigkeit und Angst. Auch die Welt und die Beziehungen werden leer. Die Nähe, die im guten Mass ein grosses Geschenk darstellt, wird so zur Bedrohung und engt ein, führt zu Resignation. Kinder lassen dann oft das Leben „über sich ergehen".

Wenn andererseits die rechte Hand den Bezug zur linken verliert, wenn Förderung, Begrenzung nicht von Zuwendung, Liebe und Fürsorge getragen werden, wandelt sich die unterstützende Kraft in abwertende, kalte und entmenschlichte Massnahmen. Leistung um der Leistung willen, Gehorsam um des Gehorsams willen ist destruktiv, erzeugt Angst, führt zu Rückzug, zu Depression oder Aggression.

Fazit
Den Dialog der beiden Hände verstehen die Kinder, auch wenn sie sich oft nicht entsprechend verhalten. Es gehört zu ihrem Recht, die Erwachsenen zu „testen", darüber später.

Innerer Halt – äusserer Halt

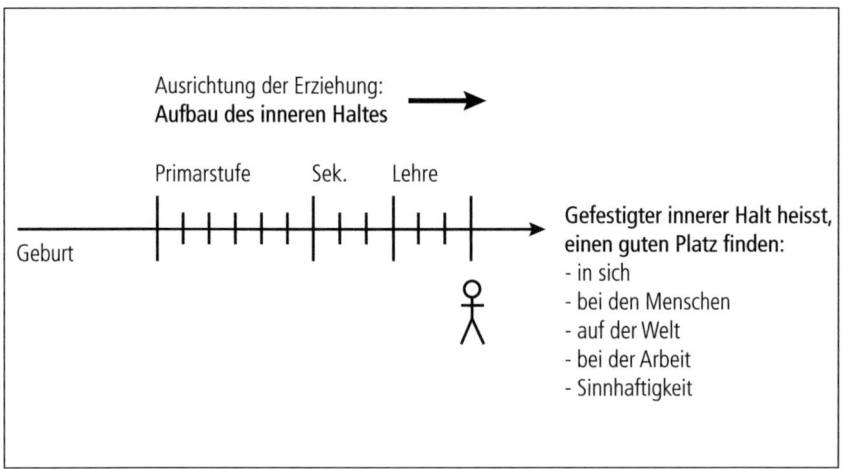

Der äussere Halt steht im Dienste des Aufbaues des inneren Haltes.

Das Bild des Dialogs der beiden Hände will die Dynamik und Inhalte des äusseren Haltes verdeutlichen. Für den ÄUSSEREN Halt sind die Erwachsenen verantwortlich. Sie müssen hinhorchen auf das Ureigene des Kindes und im Kontakt damit den entsprechenden Entwicklungsrahmen und dessen Grenzen sicherstellen.

„Wohin" sich Erziehung ausrichten soll, deuten die fünf Aspekte des inneren Haltes an. Sie helfen, die Richtung zu finden und sie nicht aus dem Auge zu verlieren.

In der konkreten Arbeit mit Eltern und Lehrpersonen hilft diese Ausrichtung in einem ersten Schritt, ein gemeinsames Bild über die Ausrichtung des Erziehungs- und Bildungsauftrages zu entwickeln und sich auf ein übergeordnetes Ziel zu einigen.

2.3 Fünf Aspekte des inneren Haltes

Die Erwachsenen haben beim inneren Halt einen Vorsprung, weil sie seit ihrer Kindheit nicht aufgehört haben, ihn zu festigen, neu zu finden und zu ordnen. Angeleitet durch ihre Eltern, Verwandten, Nachbarn usw., konnten sie ihren heutigen Standort finden.

Ein gefestigter innerer Halt der Erwachsenen ist die Grundlage für den äusseren Halt, den sie nun ihren Kindern weitergeben. Von den Leitlinien der Erwachsenen gehalten und geführt, beginnen auch die Kinder ihren inneren Halt aufzubauen.

So befinden sich Kinder und Erwachsene auf einem gemeinsamen Weg mit unterschiedlichen Rollen und Aufgaben, die nun zu jedem Aspekt beleuchtet werden sollen.

2.3.1 Einen guten Platz finden in sich

Für das Kind, den Jugendlichen bedeutet dies, eine eigene Persönlichkeit zu werden. Gerade in der Pubertät plagen Jugendliche viele Selbstzweifel und Verunsicherungen, auch wenn diese nach aussen oft in grossartiger Verkleidung daherkommen.

Kinder finden ihren guten Platz in sich, indem sie:
- ihre Möglichkeiten und Grenzen erfahren und erweitern
- ihr Gegebenes, ihre Anlagen annehmen
- sich versöhnen mit ihrer Geschichte
- in gutem Kontakt mit ihrem Körper stehen
- in lebendigem Kontakt mit ihrer Intuition und Kreativität sind
- in wachem Kontakt mit ihren Gefühlen sind
- entdecken und vertiefen, was ihnen wichtig ist
- lernen, gut für sich einzustehen und zu kämpfen
- Fähigkeiten und Fertigkeiten entwickeln und vertiefen
- sich selber nicht abwerten
- sich selber achten und respektieren
- für sich selber Verantwortung übernehmen

Den begleitenden Erwachsenen, primär den Eltern und Lehrpersonen, kommt dabei ein wichtiger Part zu. Durch die Art und Weise ihrer Begleitung können sie diesen Weg der Kinder und Jugendlichen zu einem guten Platz in sich selber anstossen und aktiv unterstützen, indem sie:
- Kinder und Jugendliche in ihrem so Sein annehmen und in Richtung „Begleitung zum inneren Halt" fördern
- offene, klare und ehrliche Rückmeldungen geben
- auch in schwierigen Situationen „in Beziehung bleiben"
- keine abwertenden Botschaften äussern
- zu bewältigende Aufgaben und Schwierigkeiten zutrauen und zumuten
- Kindern und Jugendlichen einen Platz geben

- „Selberdenken" bei Kindern und Jugendlichen erlauben, stimulieren
- den Kindern und Jugendlichen eigene Gefühle, Gedanken und Empfindungen zugestehen, auch wenn diese nicht mit den eigenen übereinstimmen
- Verantwortung vorleben

2.3.2 Einen guten Platz bei den Menschen finden

Da das Kleinkind sich noch als Mitte der Welt wähnt, muss es lernen, seinen Platz zu finden als Kind unter Kindern, als Mensch unter Menschen, gleichwertig zu und mit den anderen. Dabei soll es seine Bedürfnisse anbringen und lernen, gut für seine Anliegen einzustehen und in der Gemeinschaft einen guten Platz zu finden.
Bei vielen Kindern ist es oft auch eine schmerzliche Erkenntnis, nicht Prinzessin oder Prinz, nicht Königin oder König, sondern einfach einzigartiger Mensch unter einzigartigen Menschen zu sein.

Für Kinder bedeutet das:
- anerkennen, dass der Nächste – ebenso wie ich – seinen Platz hat und nimmt
- lernen, sich „gesund" an übergeordnete gesellschaftliche Regeln anzupassen
- mit den Menschen in Beziehung sein und bleiben
- den Nächsten in seinem Sein achten und respektieren
- andere nicht be- oder abwerten
- Beziehung lernen – Beziehungen gelingen, wenn Geben und Nehmen in lebendigem Austausch und Ausgleich sind
- lernen, seinen Standort in Austausch zu bringen → aushandeln, um Lösungen ringen
- Kommunikationsfähigkeit vertiefen
- Verantwortung in Beziehungen und in der Gesellschaft übernehmen

Wir, die Erwachsenen, stehen quasi Modell dazu. An uns und unserem Verhalten lernen Kinder und Jugendliche, wie man einen „guten" Platz in der Gemeinschaft findet. Was wir tun oder lassen, das wirkt, so oder so. Unsere diesbezüglichen Aufgaben sind:

- ein tragendes und verbindliches Beziehungsnetz der Erwachsenen gestalten
- ein Übungsfeld für soziales Lernen (Regeln) sicherstellen
- für sichere, verbindliche Beziehungen stehen
- Kongruenz zwischen Erwartungen und eigenem Handeln leben → Vorbild
- Störungen (auch) als Lernchance sehen
- Verhaltenskodex im Alltag einfordern und vorleben: „Was du nicht willst, das man dir tut, das füge keinem andern zu."

2.3.3 Einen guten Platz finden auf dieser Welt

Welt, das beinhaltet alle Realitäten, Gesetzmässigkeiten und Wirkungsfelder, die neben der eigenen Person und dem Feld zwischenmenschlicher Beziehung wirken. Dazu gehören zum Beispiel das sich Zurechtfinden im Verkehr, der Umgang mit Naturkräften wie dem Wetter und der weiteren belebten und unbelebten Natur. Es gilt, Gefahren zu kennen und frühzeitig zu erkennen, sich die Kräfte der Technik, Wissenschaft und Wirtschaft dienstbar zu machen, ohne dadurch andere oder generelle Lebensgrundlagen zu gefährden.

Kinder haben eine angeborene Neugier nach Welt, diese ist zu fördern und anzuleiten, indem sie:

- sich Wissen aneignen
- Wissen erproben
- Wissen in Austausch, in Beziehung bringen, vernetzen
- Wissen in Erfahrung umsetzen und aus Erfahrungen lernen
- Realitäten und deren Wirkungen kennenlernen (direkte/indirekte)

- Teilhabe an Welt erfahren, Gestaltung in und mit der Welt entdecken
- staunen, forschen, entdecken, achten können
- Verantwortung für eigenes Tun in dieser Welt übernehmen
- einen persönlichen Standpunkt zu wesentlichen Weltthemen entwickeln
- die Welt verstehen als Teil des lebendigen Kosmos

Den Erwachsenen kommt die Aufgabe zu, die Kinder an diese Welt, mit all ihren Schönheiten und Gefahren, heranzuführen und mit ihr vertraut zu machen. Wie kann das Kind etwa erfahren, was „heiss" bedeutet, ohne sich ernsthaft zu verbrennen? Verstehen kann ein Kind „heiss" nur durch Erfahrung, das bedeutet, in dem es den Schmerz der Flamme spürt und dann lernt, sich angemessen zu verhalten und sich zu schützen.

Für solch „geschützte Erfahrungsfelder" tragen Erwachsene die Verantwortung:

- das Kind mit Realität und Welt in Kontakt zu bringen; das, was ist und wirkt, mit angemessenem Schutz zuzutrauen und zuzumuten
- das „selber Denken" zu stimulieren, zu erlauben, eigene Erfahrungen zu machen, auch scheinbar negative
- vorzubereiten, bewusst heranzuführen an Welt und Realität
- Freude, Neugier und Entdeckergeist zu wecken, zu fördern und zu vertiefen
- gemeinsam mit den Kindern und Jugendlichen „Verstehens- und Handlungslandkarten" zu entwickeln und eigene Einsichten als solche weiterzugeben
- mit aktuellen Themen in Kontakt zu bringen und dabei die eigene Position transparent zu machen

2.3.4 Einen guten Platz in der Arbeit finden

Menschen wollen etwas bewirken, bewegen. Tun, entwickeln, Ergebnisse erzielen, Erfolg haben, experimentieren, das interessiert uns.

Erwerbsarbeit stellt in unserer Kultur einen wesentlichen Aspekt der Lebenswirklichkeit dar. Bei einer Vollzeitanstellung arbeiten wir circa 2.000 Stunden im Jahr. Arbeit stiftet Selbstwert, sichert die Existenz und hilft dem Einzelnen, seine Fähigkeiten, Stärken und sein Wissen der Gemeinschaft und auch sich selber dienstbar zu machen.

Verschiedene Kompetenzen müssen im Vorfeld der Berufsarbeit entwickelt und gefestigt werden.

Für die Kinder und Jugendlichen sind folgende Aspekte im Hinblick auf künftige Arbeit als Fachmann oder Fachfrau wesentlich:

- eigene Begabungen und Talente entdecken, fördern und für sich und die Allgemeinheit dienstbar machen
- Bereitschaft zu lernen, seine Fähigkeiten auszubauen, zu üben und nochmals zu üben
- sich erfahren im Tun bei Erfolg und auch bei Misserfolg
- Bereitschaft, Gelerntes weiterzugeben, Erfahrungen anderer zu achten und, wo sinnvoll, zu übernehmen
- wissen, dass alles seinen „Preis" hat
- Ertrag ist in unserer Kultur verknüpft mit Leistung
- offen sein für Freude in der Arbeit
- bereit sein für Einsatz, Zuverlässigkeit und Verbindlichkeit
- Verantwortung für eigenes Tun übernehmen

Erwachsene

Die Erwerbsarbeit ist unser Feld. Wir kennen die Rahmenbedingungen, Anforderungen und Risiken, aber auch die Vorzüge der Arbeitswelt. Es liegt an uns, Kinder und Jugendliche Schritt für Schritt darauf vorzubereiten. Arbeitstechniken, Arbeitshaltung und Umgangsformen sind Grundvoraussetzungen, die schon früh geübt und vorbereitet werden können. Kinder und Jugendliche wollen sich beweisen, Aufgaben bewältigen, Erfolg haben können und etwas bewirken.

So können wir sie darauf vorbereiten:

- Vorbild sein
- dem Entwicklungsstand des Kindes, der Jugendlichen angemessene, aktive Erfahrungsfelder schaffen, die auf Arbeit vorbereiten
- Ziele Erfolg versprechend stecken, Erfolg kommunizieren und sich daran freuen
- die Bewältigung von angemessenen Aufgaben und Schwierigkeiten zutrauen, zumuten und auch einfordern
- Strategien, Fertigkeiten und Fähigkeiten vermitteln, eigene Erfahrungen und eigenes Wissen mit den Kindern und Jugendlichen teilen
- den Kindern und Jugendlichen eigene Lösungswege und Erfahrungen ermöglichen, sie darin unterstützen
- dazu anleiten und ermutigen, einen zweiten und dritten Anlauf zu nehmen
- mit den Kindern und Jugendlichen Zuverlässigkeit, Verbindlichkeit und angemessene Umgangsformen üben und nochmals üben

2.3.5 Sinn erfahren können

Was trägt diese Erde? Woher kommen wir, wohin zielt unsere Reise? Warum gibt es Leid und Ungerechtigkeit? Warum sterben wir, was kommt danach?

Das scheinen theoretische Fragen zu sein. Kinder stellen sie aber direkt, klar, mit wachen Sinnen. Sie stehen in diesen Fragen, wie auch wir Erwachsene in diesen Fragen stehen.

In den verschiedenen Religionen werden die Fragen aufgenommen und zum Thema zwischen den Menschen gemacht. Aus verschiedenen Blickwinkeln wird versucht, verständliche Bilder für den Menschen zu entwerfen, damit sich der Einzelne in seiner Gemeinschaft diesem „Sinn" und der „geheimen Mitte" annähern kann.

Kinder dürfen und sollen diese Fragen stellen und an diesen Fragen reifen:

- sich als Teil eines grösseren Ganzen und dabei als bedeutsam erfahren
- Sich einbringen lohnt sich, gehört zum Menschsein
- Fragen stellen auch dann noch, wenn keine definitiven Antworten möglich sind
- Unsicherheiten, offene Fragen zulassen und aushalten, lernen, „in der Frage zu stehen"
- Kinder und Jugendliche dürfen zeitweise auf der Suche ihres eigenen Standortes verunsichert sein
- das mir Eigene „entfalten und vertiefen", um es mir, dem Nächsten und der Welt dienstbar zu machen
- herausfinden, was mir wichtig ist, wofür ich einstehe, welche Überzeugungen mich leiten und warum
- Alles, was ist, ist nicht Selbstzweck, sondern „im Dienste von" …
- Spiritualität erfahren – die „geheime Mitte", in der alles aufgehoben ist
- religiöse Dimensionen kennenlernen, verschiedene Perspektiven und Sichtweisen entdecken

Erwachsene

Die Frage und Suche nach Sinn gehört zutiefst zum Menschen und unterscheidet uns von allen anderen Geschöpfen. Wir streben nach einem sinnerfüllten Leben. Wenn etwas Sinn macht, sind wir bereit, viel dafür einzusetzen, uns zu engagieren. Wie können wir eine sinntragende und sinnstiftende Grundhaltung, die immer auch etwas Unerklärliches hat, weitergeben? Wie gelingt es uns, in diesen Fragen lebendig zu bleiben und sie an die Kinder weiterzugeben?

- Bewusstheit über eigenen Standort
- Bereitschaft, sich von Kindern und Jugendlichen infrage stellen zu lassen, ohne dies als Angriff zu verstehen

- Eigenen Standort und Weg transparent machen und in Austausch bringen
- Ethische, religiöse, spirituelle Themen aufnehmen
- An Rituale heranführen
- Offenheit für andere Überzeugungen
- Offenheit für Fragen, Zweifel und Verunsicherung

Der Aufbau und die Vertiefung des inneren Haltes sind eine lebenslange Aufgabe eines jeden Menschen. Vom Kind über den Jugendlichen bis hin zum jungen Erwachsenen liegen die Verantwortung und die Anleitung für diesen Kompetenzaufbau bei den Erwachsenen. Die fünf Aspekte des inneren Haltes stellen Wegweiser dar. Wegweiser haben es an sich, dass sie noch nicht der Weg sind und noch weniger die Wanderung auf dem Weg.

Einen Schritt näher zum Thema Weg und Wanderung kommen wir mit dem nächsten Kapitel.

Eine Sinngeschichte zum Lesen und Vorlesen

Das Gespräch der ungeborenen Zwillinge

Ein ungeborenes Zwillingspärchen unterhält sich im Bauch der Mutter. „Sag mal, glaubst du eigentlich an ein Leben nach der Geburt?", fragt der Zwilling.

„Ja, auf jeden Fall! Hier drinnen wachsen wir und werden für das, was draussen kommen wird, vorbereitet", antwortet der andere Zwilling.

„Ich glaube, das ist Blödsinn!", sagt der erste. „Es kann kein Leben nach der Geburt geben – wie sollte das denn bitte schön aussehen?"

„So ganz weiss ich das auch nicht. Aber es wird sicher viel heller als hier sein. Und vielleicht werden wir herumlaufen und mit dem Mund essen?"

„So einen Unsinn habe ich ja noch nie gehört! Mit dem Mund

essen, was für eine verrückte Idee. Es gibt doch die Nabelschnur, die uns ernährt. Und wie willst du herumlaufen? Dafür ist die Nabelschnur viel zu kurz."

„Doch, es geht bestimmt. Es wird eben alles nur ein bisschen anders."

„Du spinnst! Es ist noch nie einer zurückgekommen nach der Geburt. Mit der Geburt ist das Leben zu Ende, Punktum."

„Ich gebe ja zu, dass keiner weiss, wie das Leben nach der Geburt aussehen wird. Aber ich weiss, dass wir dann unsere Mutter sehen werden und sie für uns sorgen wird."

„Mutter??? Du glaubst doch wohl nicht an eine Mutter? Wo ist sie denn bitte?"

„Na hier – überall um uns herum. Wir sind und leben in ihr und durch sie. Ohne sie könnten wir gar nicht sein!"

„Quatsch! Von einer Mutter habe ich noch nie etwas bemerkt, also gibt es sie auch nicht."

„Doch, manchmal, wenn wir ganz still sind, kannst du sie singen hören. Oder spüren, wenn sie unsere Welt streichelt."

Verfasser unbekannt

....

2.4 Der äussere Halt

Der innere Halt wächst über den äusseren Halt, sagt der Heilpädagoge Paul Moor.

Und dieser dialogische Prozess ist das eigentliche Thema der Erziehung. Übergeordnet bilden wir, die Erwachsenen, diesen äusseren Halt.

Äusseren Halt können wir dann gut geben und leben, wenn wir selber, als Individuen, aber auch als Paar, in einen guten und lebendigen inneren Halt verankert sind.

Äusserer Halt in der Pädagogik meint den konkreten Entwicklungsrahmen, der dem Kind gesetzt wird, um darin den nächsten Schritt in Richtung Aufbau des inneren Haltes zu tun. Dieser Rahmen passt sich der Entwicklung und Reifung des Kindes laufend an. Daher „hat" man diesen äusseren Halt nie, er kann nur immer wieder neu gefunden und für die nächste Erziehungsetappe verbindlich neu gesetzt werden. Die Grenzen sind klar und zugleich „entwicklungsoffen" zu gestalten. Diese Balance immer wieder neu zu wagen und zu finden, das ist die grosse Herausforderung.

Kinder und Jugendliche wollen immer wieder aufs Neue wissen und überprüfen, was jetzt gilt. Denn sie haben erfahren, dass sich der Rahmen im Laufe der Entwicklung ändert und anpasst, seien dies die Bettzeiten oder sich erweiternde Freizeiträume. Der Drang, seine Grenzen fortlaufend weiter zu setzen, gehört zu uns Menschen.

Rilke dazu:

Ich lebe mein Leben in wachsenden Ringen,
die sich über die Dinge ziehn.
Ich werde den letzten vielleicht nicht vollbringen,
aber versuchen will ich ihn.

Um diese sich weitenden Ringe wird in der Erziehung oft gerungen, und das ist gut so. Im guten „miteinander Ringen" wohnt Beziehung, zueinander Sorge tragen. Sie ist ausgerichtet auf den inneren Halt.

Erziehung lässt sich schwer pauschalisieren. Letztlich bezieht sie sich immer auf konkrete Menschen in konkreten Situationen.

Konkret stellen sich dann, sei es in der Familie oder in der Schule, folgende Fragen:

- Welche Aufgaben und Themenbereiche stehen an, welche Aufgaben sind zuzutrauen, zuzumuten und auch einzufordern?

- Welchen Rahmen braucht das Kind, um genügend Sicherheit zu haben?
- Wo gilt es achtsam, sorgfältig und angemessen schützend zu begleiten?
- Was braucht das Kind von den Erwachsenen, was ist sein Teil, welche Strukturen wirken unterstützend?
- Nehmen wir die Anlagen des Kindes und sein bis heute Gelerntes, das ihm Mögliche, als Grundlage für den nächsten Schritt?
- Was unterstützt den nächsten konkreten Schritt und in welche Richtung zielt er?

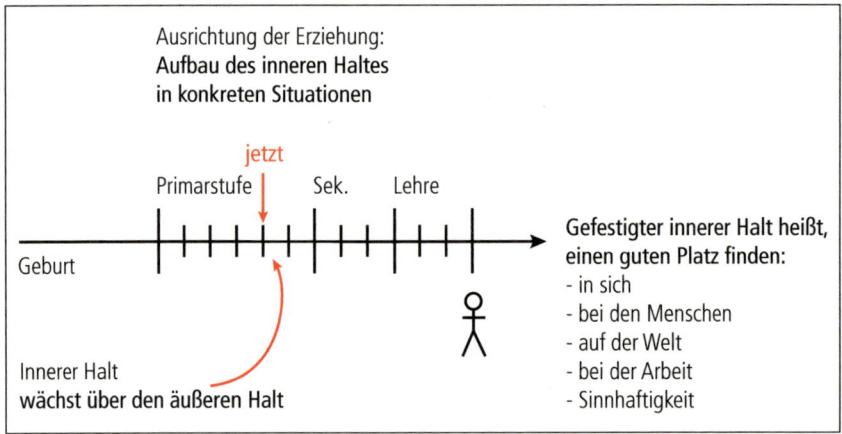

Diese Rahmensetzung gehört zur Elternverantwortung und zur Verantwortung der Erwachsenen generell. Eltern sollen und dürfen für den Rahmen einstehen und dessen Vorgaben auch durchsetzen, eindeutig, klar und verbindlich. **Diese äusseren Rahmensetzungen richten sich nicht gegen das Kind oder den Jugendlichen, sondern sie dienen übergeordnet dem Aufbau seines inneren Haltes.**

Kinder und Jugendliche müssen mit Rahmensetzungen nicht einverstanden sein, und es ist normal, wenn Kinder motzen und versuchen, gestellten Anforderungen auszuweichen. So haben wir es als Kind auch getan.

Dieser äussere Halt ist nicht technisch zu verstehen. Im Bild der beiden Hände beinhaltet der äussere Halt beide Hände. Die tragende, bedingungs-

54

los zugewandte Hand bildet immer die Grundlage. Diese Hand horcht gut hin, auf die Besonderheiten und feinen Wesenszüge. Die rechte Hand mutet dem Kind Welt, Realität, Schwierigkeiten und Erfolge zu. Sie bietet Reibungsfläche und dadurch Entwicklungsfläche.

Die Reibungsflächen, die sich fortwährend wiederholenden kleinen Auseinandersetzungen um scheinbare Nebensächlichkeiten, sind es, die uns den Erziehungsalltag oft als mühsam und aufreibend erfahren lassen. Diesen Situationen standzuhalten, nochmals Vereinbarungen oder Vorgaben zu klären und einzufordern, strengt an und macht müde. Das ist normal und gehört dazu.

Diese den Rahmen bestimmende Rolle und die damit verbundene Verantwortung können Eltern und auch Lehrpersonen nicht als Kumpel oder Partner wahrnehmen. Zwischen den Kindern und den Erwachsenen wirkt eine unsichtbare, aber wichtige und machtvolle Grenze: die Generationengrenze.

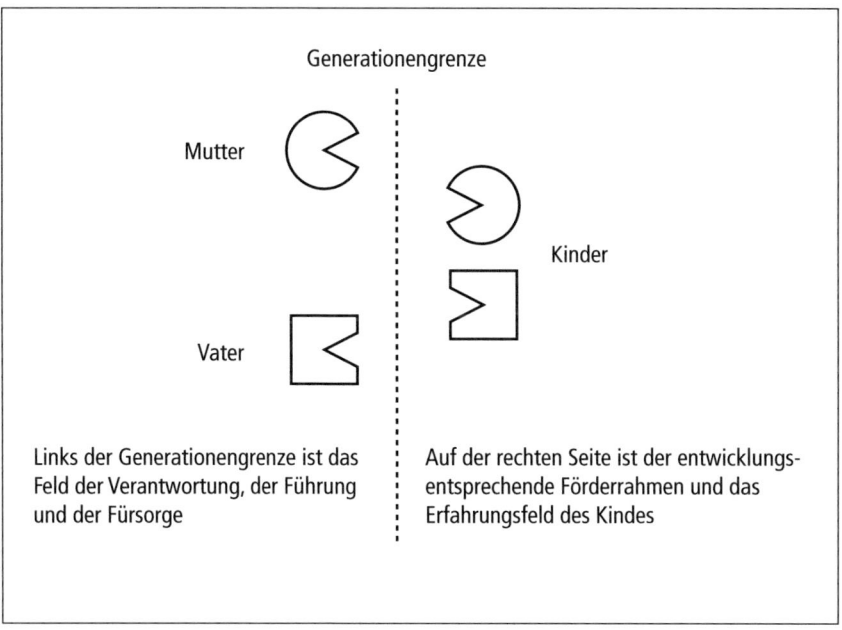

Generationengrenze

Mutter

Kinder

Vater

Links der Generationengrenze ist das Feld der Verantwortung, der Führung und der Fürsorge

Auf der rechten Seite ist der entwicklungsentsprechende Förderrahmen und das Erfahrungsfeld des Kindes

Für eine gelingende Erziehung, ob in der Familie oder in der Schule, müssen die Rollen und Positionen klar sein. Eltern und Lehrpersonen nehmen die Führung an sich, sind klar vorgeordnet. Sie übernehmen die Verantwortung für den Entwicklungs- und Förderrahmen der Kinder, setzen Grenzen und sichern Freiräume. Auf diese Weise „in Beziehung sein" mit den Kindern bildet die Grundlage und Nahrung für Erziehung. („In Beziehung sein" ist das Rohr, durch das Erziehung und Liebe fliessen.) Erziehung bedeutet auch Reibungsfläche sein, Dissens aushalten, schwierige Situationen durchtragen und Lösungen aushandeln.

Kinder und Jugendliche suchen „zugewandte Klarheit", auch wenn sie vordergründig dagegen rebellieren. Erst der klare, sichere Rahmen gibt ihnen die Möglichkeit, sich in ihm zu erproben, zu bewähren und ihn auszuschöpfen.

Wenn dieser Grundrahmen vom Kind oder Jugendlichen jederzeit infrage gestellt und beliebig neu ausgehandelt werden kann, verlieren sich die Kräfte aller Beteiligten.

Es gleicht einem Fussballspiel:

Wenn zu Beginn jedes Spieles die Grundregeln neu ausgehandelt werden müssten und zur Diskussion stehen würden – so zum Beispiel aus welcher Distanz heute der Penalty geschossen wird oder ob heute die Handspielregel gilt, und wenn ja, in welcher Form usw. –, käme kein Spiel zustande und die Kinder könnten auch die Freude und das Engagement so wie Erfolg und Niederlage im Spiel nie erleben.

ZWISCHENRÄUME

Nicht in den Mauern, sondern zwischen diesen, findet das Leben statt.
Und dennoch, ohne diese Mauern entsteht kein DAZWISCHEN.

Mauern (Grenzen, Regeln, Gesetze usw.) sind so nicht Selbstzweck, sondern im Dienste des Zusammenlebens. Sie öffnen und

definieren den Gestaltungsraum. Zudem sind diese Räume nicht geschlossen, Türen, Fenster, Nischen und Durchbrüche in der Regel vorhanden. Oft hilft es, sich neugierig umzusehen, den Blick von der Mauer vor sich zu lösen, um so den Raum mit seinen möglichen Durchlässen wahrzunehmen. Diese Suchbewegung liegt bei jedem Einzelnen.

Als verantwortliche „Architekten" in unserem umfassenden Erziehungsauftrag gilt es, die Zwischenräume angemessen offen (geschlossen) zu gestalten, damit Räume generiert werden, innerhalb derer Veränderungen gewagt werden können. Die Räume sollen einerseits Halt, Orientierung und Sicherheit geben und andererseits Kreativität, Individualität, Impulsivität und Gestaltung ermöglichen.

Ein Zuviel an „Mauern" (Regeln, Gesetze usw.) erdrückt und erstickt Leben und Entwicklung, ein Zuwenig führt in Orientierungslosigkeit, Grandiosität oder Ohnmacht und Entfremdung.

Gemeinsam bleiben die Erwachsenen (Eltern, Lehrpersonen usw.) in der Suchbewegung nach dieser Balance – der Balance, die im Leben und in der individuellen Entwicklung den nächsten Schritt vorbereitet, zutraut und zumutet.

2.4.1 Es ist für Kinder wichtig zu wissen, was zu Hause gilt

Dafür brauchen sie Eltern, Strukturen und Abläufe, die Sicherheit und Vertrautheit vermitteln. Es ist hilfreich, wenn die wichtigen Stationen im Tagesablauf ritualisiert sind.

Einige Beispiele:

- Aufstehen: Wie gestalten wir den Einstieg in den Tag, sodass die verschiedenen Bedürfnisse „unter einem Hut" Platz finden.
- Tischsituation: Wer hat welchen Platz am Tisch oder sind die Plätze wechselnd? Welche Bedeutung hat in unserer Familie die Tischgemeinschaft und wie geben wir ihr Ausdruck? Gibt es Regeln, wie beginnen und wie beenden wir Mahlzeiten?
- Tagesstrukturen: Gibt es in unserer Familie individuelle und gemeinsame Zeiten? Haben die Wochentage wiederkehrende Rhythmen? Gibt es Zeiten, die für bestimmte Themen, Aufgaben reserviert sind (z. B. Hausaufgaben)?
- Bettzeit: Wie schliessen wir den Tag ab? Wie gestalten wir das „Gutnachtritual"?

Es liegt in der Verantwortung der Eltern, Strukturen, Rituale und Familienregeln zu gestalten und ihnen nicht verhandelbare Eckwerte zu setzen. Als nächsten Schritt gilt es, für diese Regeln und Rituale einzustehen und dafür eine stimmige Form zu finden. Innerhalb der „nicht verhandelbaren Eckwerte" gibt es einen Gestaltungsraum, an dem alle, je ihren Möglichkeiten entsprechend, mitwirken können. In der konkreten Ausgestaltung von Abläufen und Ritualen werden Kinder und Jugendliche aktiv gestaltend eingebunden.

Für Kinder ist es gut und entlastend, wenn die Eltern klar und sorgfältig führen. Sie orientieren sich gerne an „grossen und starken" Eltern. Durch ihre Mitgestaltung innerhalb der von den Eltern gesetzten stimmigen Strukturen entsteht ein Dialog zwischen „dem Rahmen" und seiner Ausgestaltung.

Oft trauen sich die Eltern nicht, diese Strukturen vorzugeben. Sie fürchten sich vor dem Widerstand des Kindes und befürchten, durch Regelsetzungen die Liebe der Kinder zu verlieren. Sie neigen dann dazu, mit den Kindern den gesamten Entwicklungsrahmen auszuhandeln. Das stellt für das Kind eine Überforderung dar und führt schnell zu eskalierenden Situationen.

Es ist wichtig, dass Eltern ihren Teil an Verantwortung und Führung an sich NEHMEN, aktiv, einfach so, selbstverständlich und mit einem guten Gefühl. Das entlastet die Kinder, gibt Sicherheit und Geborgenheit.

2.4.2 Transfer

Durch das Übungsfeld „Familie" lernt das Kind, sich selber, die anderen und die Welt zu verstehen. Es entwickelt Orientierungspunkte, die sich Schritt für Schritt zu einer Orientierungslandkarte erweitern. Diese ist noch überschaubar und wird im geschützten Rahmen auch ordentlich getestet. Ausgehend von dieser Perspektive und dieser inneren Sicherheit lernt es nach und nach andere Lebensmodelle kennen. In den Familien befreundeter Kinder, bei Nachbarn und weiteren Bekannten gelten teilweise andere Regeln. Für diese Unterschiede haben Kinder ein feines Sensorium. Sie lernen schnell, dass es neben Grundregeln, die überall ungefähr dieselben sind, in der Feinabstimmung des Zusammenlebens Unterschiede gibt. Damit umzugehen müssen sie lernen, das gehört zum Aufbau der sozialen Kompetenz und der sozialen Intelligenz.

Diesen Unterschied versuchen die Kinder auch auszunutzen und unterschiedliche Alltagsregeln zu ihrem Vorteil auszuspielen: „Bei Larissa darf man vor dem Mittagessen noch Schokolade essen, das will ich jetzt auch!" Es ist legitim, wenn Kinder versuchen, Erwachsene gegeneinander auszuspielen. Die Erwachsenen müssen dafür sorgen, dass Ausspielen in der Regel nicht zum Ziel führt. So lernen Kinder, sich in verschiedenen Systemen zurechtzufinden und sich angemessen anzupassen. Diese Fähigkeit wird in der Schule, bei Freunden, im Beruf wesentlich dazu beitragen, erfolgreich zu sein und in unterschiedlichen Gruppen und Teams einen guten Platz zu finden.

2.5 Erweiterter äusserer Halt

2.5.1 Gegenseitige Unterstützung und Zusammenarbeit der Eltern

Im Hinblick auf einen tragenden äusseren Halt, der den Kindern Sicherheit und ein tragendes Erprobungsfeld der nächsten Entwicklungs- und Wachstumsschritte gewährleistet, sollen sich die Eltern auf die Eckwerte dieses Feldes einigen. Die Grundausrichtung und wesentliche Aspekte dieses Entwicklungsrahmens sollen beide mittragen.

Dieser gemeinsame Grund darf aber nicht die Persönlichkeiten und Einzigartigkeiten von Mutter und Vater vermischen. Gemeinsame Regeln dürfen eine individuelle Prägung und Ausgestaltung enthalten, ohne dadurch die Verbindlichkeit der „Regel" zu unterlaufen.

Diese Balance immer wieder neu zu finden, Unterschiede nicht als Angriff, sondern auch als Bereicherung zu respektieren und sich auf eine gemeinsame Ausrichtung zu einigen, das stellt eine immerwährende Herausforderung dar.

Wenn Eltern diesen Weg gehen, sind sie Vorbild und Modell für ihre Kinder. Daran lernen die Kinder, den eigenen Standort zu vertreten und im Dialog und Austausch mit dem Standort des Partners einen gemeinsamen Nenner zu finden, in dem sich beide, wenn auch verändert, wiederfinden.

2.5.2 Balance zwischen Geben und Nehmen

Beziehungen kann man weder haben noch sein. Vielmehr müssen sie immer wieder neu gefunden werden. Wir können in Beziehung sein, im dynamischen Gleichgewicht zwischen ich, du und wir. Dieses dynamische Gleichgewicht will genährt und gepflegt sein, damit sich die Beziehung fortsetzen und vertiefen kann.

Durch das TAUSCHEN, durch Geben und Nehmen halten wir die Beziehungsbalance lebendig, durch den Austausch von Geben und Nehmen wird die Beziehung gefördert. Ohne diesen Austausch mindert sich das Gemeinsame zur „leeren Form".

Zwischen Partnern, sei dies im Beruf, in der Freizeit oder in der Paarbeziehung, gelingen oder scheitern Beziehungen gemäss diesem Gesetz.

Nur geben, aber nicht vom anderen nehmen führt nicht in eine tragende Beziehung.

Nur nehmen, aber dem anderen nicht geben führt nicht in eine tragende Beziehung.

Damit Beziehungen gut weitergehen können, gibt es zwei wissenswerte Präzisierungen.

Ausgleich im Guten

Davon leben und nähren sich Beziehungen. Ein Blumenstrauss, ein Lob, ein Lächeln, ein Brief, das können Inhalte dieses Ausgleichs sein. Beim Ausbalancieren dieser Ausgleichsbewegung darf es auch ein bisschen „mehr" sein. Das schadet der Beziehung nicht, im Gegenteil, es kann überraschen, beglücken und die Beziehung vertiefen. Wird das „mehr" zur Routine, verliert es seine Kraft.

Ausgleich im Schlimmen

In Beziehungen wird manchmal auch Schlimmes ausgetauscht, gewollt oder ungewollt. Damit die Beziehung weitergehen kann, braucht auch dies einen Ausgleich. Das Ungleichgewicht will in Ordnung gebracht werden, zurück in Richtung Balance. Nur darf es beim Ausgleich im Schlimmen ein bisschen „weniger" sein. Es gilt nicht, „Gleiches mit Gleichem zu vergelten". Die Dynamik, die daraus entsteht, heisst: „Auge um Auge, Zahn um Zahn." Das führt Beziehungen in den Abgrund und entzweit. Der scheinbar kleine Unterschied des „Weniger" kann diese negative Spirale auffangen und eine neue Grundlage stiften. So ist „Weniger, im Ausgleich von Schlimmem" eine mögliche, vielleicht die einzige Voraussetzung, dass die Beziehung wieder in Bewegung und durch das „Weniger" in eine möglicherweise sogar tragendere, tiefere Bindung führt.

Eltern/Kinder

Zwischen den Generationen kommt dieser Ausgleich nicht in dieser direkten Form zum Tragen. Im Zusammenspiel von Kindern und Eltern, Kindern und Lehrpersonen besteht eine andere Grundsituation. Kinder haben das Recht zu bekommen, um zu lernen – so wie die Eltern weitergeben, was sie wiederum von ihren Eltern bekommen haben. Das Geben zielt nach vorne, zu den zukünftigen Generationen und Eltern. Der Dank der Kinder an die Eltern besteht darin, dass sie aus dem, was sie bekommen haben, etwas machen und das Bekommene weitergeben, an ihre Kinder, im Beruf, an Freunde und Bekannte.

Das stärkste Zeichen des Dankes besteht darin, wenn es gut weitergehen darf. Daran freuen sich die Eltern, das stiftet Zuversicht und Versöhnung.

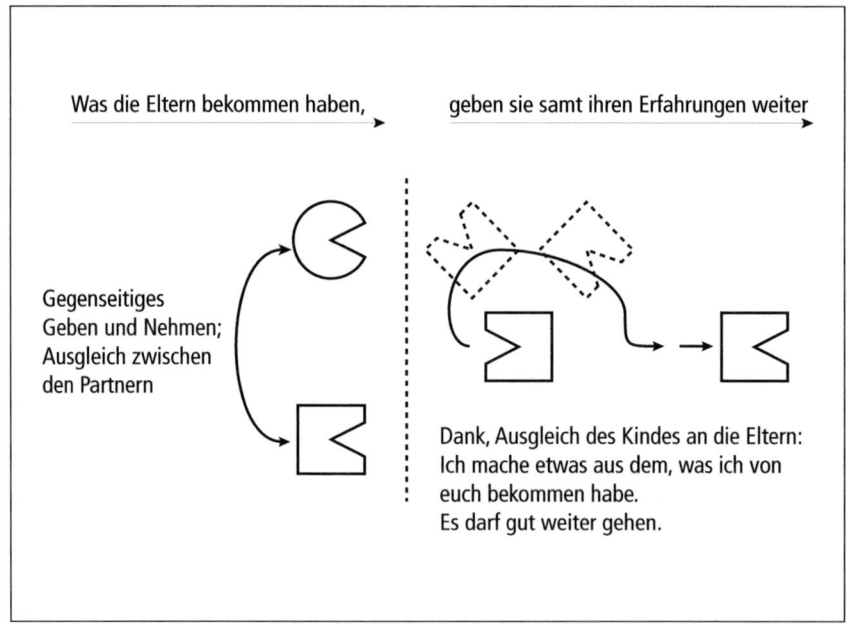

Was die Eltern bekommen haben, geben sie samt ihren Erfahrungen weiter

Gegenseitiges Geben und Nehmen; Ausgleich zwischen den Partnern

Dank, Ausgleich des Kindes an die Eltern: Ich mache etwas aus dem, was ich von euch bekommen habe. Es darf gut weiter gehen.

2.5.3 Wiedergutmachung bei Kindern/Jugendlichen

Kinder und Jugendliche lernen. Sie bereiten sich vor, üben sich, testen sich und das Leben aus.

Gehen lernt ein Kind nur, wenn es in Kauf nimmt, hinzufallen. Gehen lernen ist gekoppelt mit blauen Flecken, Schmerz und dem Kampf mit der Gravitation. Der Wille zum Gehen und die Aussicht auf die neue Kompetenz sind stärker.

Beim Lernen sozialer Kompetenz gibt es auch „blaue Flecken". Soziale Fähigkeiten lernt das Kind bzw. der Jugendliche am DU. Dieses Lernen ist nur durch Erfahrung möglich. Das Kind muss die Folgen seines Verhaltens erleben. Es muss lügen, schlagen, ausspielen usw., und dann die Wirkungen seines Tuns in der Beziehung erfahren. Nur so wächst Einsicht in die sozialen Regeln und ihre Wirkungen und Folgen.

Wenn sich Kinder so verhalten, stimmt die „Entwicklungsrichtung". An uns Erwachsenen liegt es, das kindliche Verhalten zu lenken und wo nötig zu sanktionieren. Auf diesem Weg braucht es Begrenzung. Kinder und Jugendliche müssen lernen, wie Fehler wiedergutgemacht werden können. Dieses „wieder in Ordnung bringen" muss eingefordert und in verschiedensten Situationen und auf unterschiedlichste Weisen geübt werden.

Regelverletzungen sollen Konsequenzen für das Kind haben, eine Wiedergutmachung in einem angemessenen Verhältnis zur Widerhandlung stehen.

Konsequenzen müssen nicht in jedem Fall bis zum bitteren Ende durchgezogen werden. Ist das Kind offensichtlich bereit, seinen Teil zu leisten, kann es sinnvoll und weise sein, eine Restkonsequenz zu erlassen. „Ich habe gesehen, dass du daran bist, die Angelegenheit gut zu regeln und deinen Teil zu übernehmen. Den Rest unserer Abmachung, deiner Leistung, schenke ich dir. Ich sehe, du hast deinen Teil daraus gelernt."

So unterstützen wir Lernen und bieten eine tragende Beziehungsbrücke an, vergleichbar dem Ausgleich im Schlimmen. Siehe Seite 61 „Ausgleich im Schlimmen".

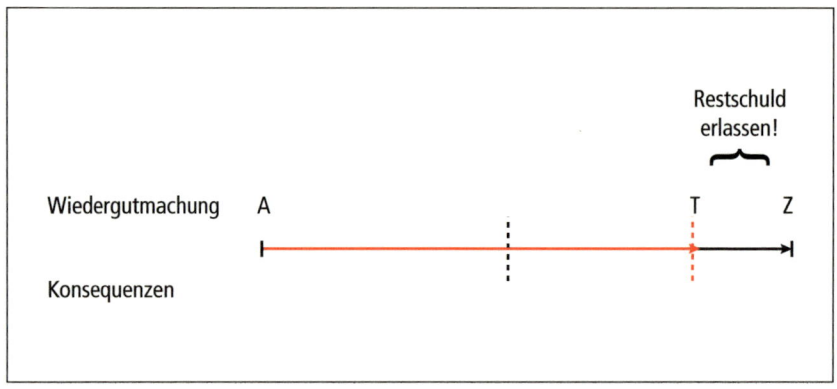

2.5.4 Unterschiedliche Entwicklungswege von Mädchen und Buben

Die Grundsituation von Knaben und Mädchen ist dieselbe. Beide werden aus der Mutter geboren, für beide ist die Mutter als primäre Bezugsperson nach der Geburt die Vermittlerin zur Welt. Durch sie werden die Kinder genährt und mit ihr leben sie in den ersten Lebensmonaten in einer natürlichen Symbiose, die zum tragenden Grund für die weitere Entwicklung wird.

Für die Identitätsfindung als Frau oder als Mann besteht aber ein wesentlicher Unterschied. Das Mädchen kann sich an seiner primären Bezugsperson, der Mutter, orientieren. Sie ist für das Mädchen neben Mutter auch als Frau ein wichtiges Vorbild und es kann sich an ihr orientieren. Knaben haben dieselbe Ausgangsposition. Auf dem Weg vom Knaben über den Jugendlichen, den jungen Mann hin zum Mann, kann die Mutter aber nicht Vorbild und Modell sein. Auf diesem Weg zur Identität als Mann muss der Knabe von der Mutter weg in den Bannkreis des Vaters gelangen, in das Kraftfeld der Männer, um eben Mann zu werden. Später, durch diese Erfahrungen gewandelt, führt ein neuer Weg „zurück" zur Frau, als gleichwertiger Partner.

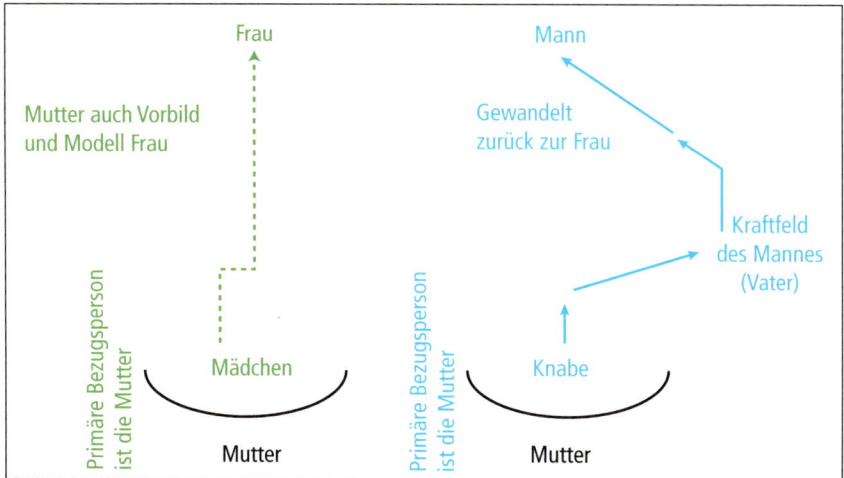

Diesem Umstand ist heute besonders Rechnung zu tragen. Bei vielen getrennt lebenden Eltern fehlen den Knaben oft Erfahrungsräume mit Männern. Zu Hause und in der Schule prägen Frauen die Entwicklung. Das ist ohne Wertung, als heute wirkende Realität zu verstehen.

Wie sorgen wir dafür, dass Knaben, Jugendliche und junge Männer mit dem Mannsein in Kontakt kommen? Wie gelingt es, Väter wieder vermehrt in die Verantwortung einzubinden und den Raum „wenn der Vater mit dem Sohne" zu leben, auch wenn die Paarbeziehung getrennt ist?[3]

Dieses Thema wird uns zunehmend beschäftigen, samt dem Thema „Emanzipation des Mannes".

Ziel sollte es sein, dass beide, Mann und Frau, in ihrer Identität einen guten, geachteten Platz finden, gut verbunden in die eigene Geschichte und darüber hinaus in die Linie ihrer Vorfahren.

Solche Männer und Frauen als Eltern sind ein Geschenk für Kinder.

---

3 Mit der Rollenfindung des Mannes habe ich nur einen unter vielen Aspekten beleuchtet. Das Fehlen Väter und Männer wirkt einschneidend auf die Mannwerdung der Knaben und Jugendlichen. Knaben, die ohne verbindlichen Kontakt zu Männern aufwachsen, bleiben in vielen Lebensbereichen und Beziehungen unverbindlich. Auch für Mädchen ist der Vater eine wichtige Ressource für die Entwicklung. So gesehen hat die Abwesenheit von Vätern und Männern eine fatale Wirkung auf die nächste Generation.

2.6 Probleme ...

2.6.1 ... sind normal

Die Begleitung und Erziehung von Kindern und Jugendlichen vollzieht sich nicht reibungslos. Es ist nicht zu erwarten, dass die Kinder und Jugendlichen allem vorbehaltlos zustimmen, was aus Sicht der Erwachsenen zu lernen und zu tun ist. Im Gegenteil. Es würde uns irritieren, wenn Kinder und Jugendliche zu allem Ja und Amen sagen würden, keine Fragen stellen und nirgends anecken oder sich und andere ärgern würden.

Differenzen, Konflikte, Konfrontationen und Probleme begleiten den Weg des Heranwachsens. In der konkreten Situation sind solche Spannungen und „Explosionen" unangenehm, einfach mühsam – und auch das ist normal.

Probleme, unterschiedliche Meinungen, Auseinandersetzungen, Ausweichverhalten und Verweigerungen gehören zum Erziehungsalltag und sind oft das Salz in der Suppe. Es stellt sich nur die Frage nach dem Mass, zu viel Salz macht die Suppe ungeniessbar.

Die oben beschriebenen Reibungsfelder sind auch Merkmale und Aspekte von Beziehungen. Beziehung ist nicht nur Harmonie. Im Wort Beziehung steckt „ziehen". „In meine Richtung ziehen, über den Tisch ziehen, am selben Strick ziehen", das sind aktive Bilder dieses Ringens um den nächsten Schritt.

2.6.2 Eigene Lösungen

Auch Kinder und Jugendliche geraten in schwierige Situationen, wälzen „schwere Themen" und wissen oft weder ein noch aus. Es ist daher wichtig, diese Schwierigkeiten und Nöte wahrzunehmen und sie nicht als Kinderkram abzutun. In ihren offenen Fragen sind Kinder ernst zu nehmen, zu unterstützen und zu begleiten. „Begleiten" bedeutet nicht „übernehmen".

Erwachsene neigen dazu, solche Themen, Probleme zu sich zu nehmen, sie sich zu eigen zu machen und den Kindern zu zeigen, „wie man das löst". Dies ist nur dann sinnvoll, falls Gefahr droht, es also darum geht, Kinder zu schützen.

Wenn es aber zur Routine wird: „Ich regle das schnell *(für dich)*", dann nimmt die vermeintliche Unterstützung dem Kind die Möglichkeit, selber zu lernen, sich zu erproben und sich in schwierigen Situationen zu erfahren. Wenn Eltern zu viel übernehmen, machen sie dadurch ihre Kinder klein.

Sollen Kinder jedoch eigene Lösungen finden und entwickeln, braucht das Zeit, mehr Zeit. Diese Zeit haben wir Erwachsene oft nicht. Zudem ist die Möglichkeit durchaus gegeben, dass die Bemühungen des Kindes nicht von Erfolg gekrönt sind. Scheitern gehört dazu, scheitern, um daraus zu lernen und neue Strategien zu erproben. Durch Scheitern und Fehler passiert auch Entwicklung! Es ist wichtig, diese Dimension zu erkennen und den Kindern eine solche Erfahrung zuzutrauen und zuzumuten. Sie brauchen dafür unsere Unterstützung, Begleitung und unsere Zuversicht für ihren Weg.

Wenn Kinder eine schwierige Situation gemeistert, ein Problem auf ihre Art und Weise gelöst haben, werden sie stark, sie wachsen daran und sind stolz darauf. An diesem Erfolg dürfen die Eltern teilhaben und sich daran mitfreuen.

2.6.3 Probleme gehen auf Wanderschaft

Probleme haben es an sich, wie eine heisse Kartoffel weitergereicht zu werden. Sie wandern. Es gelingt uns Menschen immer wieder, Themen und Probleme, die unsere eigenen sind, zu verkleiden und zu Themen und Problemen anderer zu machen. Dies geschieht meist unbemerkt. Und so kann jemand auf wundersame Weise ein Problem eines anderen „bekommen" und übernehmen, ohne zu merken, dass ein fremdes Problem bei ihm gelandet ist.

Themen und Probleme können aber nur dort wirklich bearbeitet und gelöst werden, wo sie hingehören. So wie es nicht möglich ist, stellvertretend für jemanden aufs Klo zu gehen, so besteht auch keine Möglichkeit, jemandes anderen Themen zu bearbeiten oder Probleme zu lösen.

Beispiel:
- Hans hat eine Aufgabe zu lösen (Aufgabe lösen = Thema/Problem für Hans).
- Er sucht einen Ausweg und findet ihn, indem er zum Beispiel die Eltern (oder Eltern/Lehrpersonen) gegeneinander auszuspielen versucht (er „verkleidet" das Thema): „Papa hat gesagt, dass ..."
- Wenn die Eltern darauf einsteigen und sich darüber in die Haare geraten, kann sich Hans getrost zurücklehnen, sich aus dem Staub machen. Er kann sogar versuchen, das „verkleidete Thema" zwischen den Eltern aufrechtzuerhalten, um so seine Aufgabe und vielleicht auch weitere Aufgaben gar nicht lösen zu müssen. Und siehe da, das Problem von Hans wurde zum Problem der Eltern.

Kinder sind findig und intuitiv treffsicher darin, bei wem sich Auswege finden lassen und wer „das Problem" übernimmt (mit weichem Augenaufschlag oder durch einen gezielten Wutanfall).

2.6.4 Lösungen, die tragen

Themen und Probleme sind klar zu benennen und zuzuordnen. Dort, wo das Thema, das Problem zu Hause ist, kann es von den Betroffenen, manchmal mit Unterstützung von aussen, gelöst werden. Das bedeutet auch, dass wir den Betroffenen ihre Themen zumuten und ihnen auch zutrauen, Lösungen zu entwickeln. Diese Haltung stärkt und befähigt uns dazu, vorhandene Ressourcen zu entdecken und zu nutzen. Freunde, Bekannte als Sparringspartner und Fragesteller sind hilfreich und können ein grosser Gewinn sein.

Bei Kindern und Jugendlichen gilt dasselbe:
- Thema klar auf den Tisch bringen und als Erwachsene Führung übernehmen
- sich nicht in Scheindiskussionen verwickeln lassen
- das, worum es geht, etwa unangemessenes Verhalten, konkret benennen und angemessene Lösungen einfordern. Beispielsweise: „Ich will, dass sich diese konkrete Situation verändert. Morgen nach dem Mittag erwarte ich von dir drei Vorschläge, mit denen du eine Verbesserung dieser Situation herbeiführen willst."
- nicht Themen/Probleme für das Kind übernehmen, nur weil es einfacher ist, weniger Zeit braucht, da es in dem Falle (scheinbar) friedlich bleibt, oder weil ich befürchte, dass mich sonst mein Kind nicht mehr „so liebt"

2.7   Schwierige Erziehungssituationen

In schwierigen Situationen vermischen sich beim Kind meist verschiedene Aspekte und Ebenen. Als Erziehende sind wir ebenso in diese Situationen verstrickt und emotional betroffen.

Zum Kind

Im Erleben des Kindes wirkt vielfach eine komplexe Dynamik im Hintergrund. Das Kind will dazugehören, angenommen sein. Es sucht/verteidigt einen sicheren Platz. Es möchte Ansehen, erlebt sich verpflichtet (anderen Kindern gegenüber, den Eltern oder einem Elternteil usw.).

Oft kommen erschwerend Beeinträchtigungen in der Wahrnehmung oder in der Wahrnehmungsverarbeitung, Angst oder Versagensgefühle dazu, und schon ist die Ausgangslage für schwierige Situationen gegeben.

Beispiel

Ein siebenjähriges Kind wechselt die Schule. Es weigert sich vehement, ins neue Schulhaus zu gehen, beschimpft die Mutter und weitere Begleitpersonen massiv, kratzt, schlägt, spuckt und rennt davon. Es bleibt aber immer in Sichtweite und auf dem Schulareal. Die Mutter macht sich Vorwürfe und sorgt sich um das „Bild", das sie der Schule vermittelt (sehen die Lehrpersonen in mir eine erziehungsunfähige Mutter?).

Problem
Das Kind weiss, dass im Schulzimmer Hausschuhe getragen werden. Die Mutter hat ihrem Kind Schuhe mit Schnürsenkel angezogen. Da sich das Kind die Schuhe noch nicht selbstständig binden kann, stellt diese Situation in seinem Erleben ein grosses Problem dar. Die anderen Kinder würden sein „Nichtkönnen" bemerken und es auslachen. So bei den künftigen Klassenkameraden „durchzufallen" führt in seinem Empfinden zu einer grossen Not, aus der es sich nur durch Angriff und Flucht retten kann.

Lösung
Die einfache Lösung besteht in diesem Fall darin, dem Kind Schuhe mit Klettverschluss zu geben. Oft ist es aber sehr schwierig, herauszufinden, worum es eigentlich geht. Von aussen gesehen wäre ich nie auf die tragende und entlastende Lösung „Klettverschluss" gekommen.

Genau hinschauen, hinhören, Druck wegnehmen und nachfragen kann helfen, die Aufmerksamkeit auf das zu richten, worum es eigentlich geht.

Es ist immer von Vorteil, sich in solchen Situationen Zeit zu nehmen und Zeit zu schaffen.

Bei sich wiederholenden Problemen ist es zudem sinnvoll, sich zu vergewissern, ob keine anlagebedingten Beeinträchtigungen vorliegen. Solche bedürfen primär medizinisch-therapeutischer Interventionen, die wiederum durch gezielte erzieherische Unterstützung positiv begleitet werden können.

2.8   Interventionsmodell

In schwierigen Situationen verstricken und vermischen sich die verschiedensten Aspekte und „Geschichten" zur konkreten Problemsituation.

Ordnen: Die erste Aufgabe ist das Trennen von Vermischtem, analytisch, sachlich, ohne Interpretation und ohne Bewertung. Alles, was zur Situation gehört (Fakten, Strukturen, Beteiligte usw.), möglichst aus verschiedenen Perspektiven, gilt es zu erfassen. Erst wenn wir auf einer Ordnungslandkarte die diversen Aspekte entmischt und zugeordnet haben und sehen, was wohin gehört und womit es in Zusammenhang steht, kommt der zweite Schritt:

Verstehen: Es gilt herauszufinden, welche Bedeutung die verschiedenen Aspekte haben und in welchen Zusammenhängen und Wechselwirkungen diese Ordnungsaspekte zu deuten und zu verstehen sind. Hier gestalten wir Verstehensbilder, der Situation und allen Beteiligten zugewandt ohne Abwertungen, aber meist mit der Hypothese: „Es gibt einen inneren Sinn, dieser schützt und versucht einen nächsten ‚für sich gelingenden Schritt'." Auch wenn dieser für uns noch im Verborgenen liegt. Verstehen ist Grundvoraussetzung für Verantwortung. Für etwas, was ich nicht verstehe, kann ich keine Verantwortung übernehmen, kann ich nicht hilfreich und verantwortlich handeln. Erst wenn wir mindestens im Ansatz Verstehenshypothesen entwickelt haben, ist es Zeit zum Handeln.

Intervenieren: Eine mögliche Intervention kann sein, dass weitere Aussensichten eingeholt werden (Diagnostik). Sich als Erziehende nicht alleine zu lassen, sich mit wichtigen Bezugspersonen auszutauschen, um einen klareren Standort zu erlangen, ist oft entlastend und führt zu einem tragenden nächsten Schritt.

Ordnen →	Verstehen →	Intervenieren (daraus abgeleitete Aufgaben / Interventionen)
• Situation Kind • Situation Eltern • Weitere Betroffene • Probleme: Wer hat in der konkreten Situation welches Problem? • Wohin gehört das Problem wirklich? • „Was" gehört noch dazu? • In welchen Strukturen, in welchem Kontext zeigt sich das Problem? • In welchen Situationen zeigt sich das „Problem" nicht? • Können dem Problem organisch bedingte Aspekte zu Grunde liegen (z.B. Wahrnehmung)? • ...	Alle links stehenden Aspekte haben eine Geschichte und einen inneren Sinn. Beides gilt es, mindestens ansatzweise, zu verstehen. Welche Aspekte (z.B. Kind) sind Anlage, welche wurden gelernt? → Was ist nicht veränderbar; was ist veränderbar? Usw. Ohne zu verstehen gibt es keine tragenden Lösungen!	• ... • ... • ... • ...

Ordnen, Verstehen, Intervenieren, so lautet die richtige Reihenfolge.

Oft werden wir verleitet, den dritten Schritt vor dem ersten zu tun, in diesem Falle von der Problemsituation sofort zur Intervention zu schreiten. Ohne die Zwischenschritte einzuhalten, werden wir dadurch oft selber Teil des Problems.

3. Allgemeintypische Erziehungsthemen

3.1 Die Kraft des NEIN

NEIN gibt es nicht isoliert. Zum Nein gehört zwingend ein JA. Die Herausforderung für uns Erwachsene ist es, hinter dem NEIN das JA zu finden oder zumindest zu erahnen, womit dieses Nein in Verbindung steht und wovon es sich absetzen und wofür es sich einsetzen will.

NEIN als Ausdruck von Widerstand und Eigenheit verunsichert die Erwachsenen meist stark.

Das NEIN seitens der Kinder und Jugendlichen gehört in den verschiedenen Altersstufen zur „gesunden Entwicklung" dazu. Stellen Sie sich vor, Ihr Kind würde bei allem, was Sie ihm sagen, auftragen oder von ihm fordern, immer antworten: „Ja, Mama!" Oder: „Ja, Papa!" Ohne jeglichen Widerspruch würde Ihr Kind all Ihre Wünsche, Anweisungen und Zurechtweisungen fügsam und gehorsam annehmen und sich danach richten. Das wäre kaum auszuhalten und Sie würden finden: „Da stimmt etwas nicht!"

NEIN als Abgrenzung und auch als Verweigerung ist ein sehr kraftvolles Wort. Das erfahren die Kinder erstmals im Trotzalter, in dem sie sich selber entdecken, auch in der Abgrenzung zum Du. Meist ist das NEIN noch gekoppelt mit ICH und ICH WILL. Über diese Worte weitet das Kind seinen Erfahrungs- und Wirkungsraum gewaltig aus. Neue Räume wollen erkundet und erprobt werden und dafür brauchen die Kinder uns Erwachsene als Orientierung und auch als Reibungsfläche, in liebender Beziehung.

Wenn mit dem NEIN oder dem ICH WILL eine neue Tür aufgestoßen wird, aus ihm ein „neuer Ring erwächst" (S. 53 Rilke), geschieht dies meist wuchtig und heftig. Hinter einer neuen Tür öffnet sich das Feld der bewussten

Identität, der Verantwortung, der Macht wie auch der Ohnmacht. Durch unseren Vorsprung an Lebenserfahrung und Wissen kennen wir sowohl die freud- und kraftvollen wie auch die dunklen und gefährlichen Räume hinter neuen Türen. Mit diesem Wissen sind wir Lotsen und Rahmensetzer für die Kinder, damit es ihnen gelingt, ihrer Individualität Ausdruck und Gestalt zu geben, sich ein- und abzugrenzen, immer mit Respekt und Achtung vor dem Eigenen des Nächsten.

Das gelingt Kindern gut, wenn die Erwachsenen sichere Orientierung bieten in diesen neuen „Stürmen", wenn die Eltern und weitere wichtige Bezugspersonen einen guten Stand haben und für sich selber wissen, was ihnen wichtig ist. Es ist auch hilfreich, dass sich Kinder an diversen Erwachsenen reiben und ausprobieren können. Verteilt sich diese anspruchsvolle Erwachsenenaufgabe auf unterschiedliche Schultern, ermöglicht dies dem Kind, verschiedene Erfahrungen zu machen und zu erkennen, dass Menschen ungleich reagieren.

Beim „Dialog der beiden Hände" bildet die linke Hand die Vertrauensgrundlage, auf der das NEIN gewagt wird, die rechte Hand symbolisiert die aktive Führung, Begleitung und Begrenzung. Durch diesen Dialog bleiben wir verbunden mit der Innenseite, der Einzigartigkeit des Kindes.

Wenn Erziehung technisch wird, sich aus der Beziehung löst, kann sich das Kind über das NEIN und seine diesbezüglichen Erfahrungen in ein grosses Verweigerungsbollwerk zurückziehen, um sich und seinen inneren Wesenskern zu schützen.

Rückzug und Formen von Verweigerung sind Ausdruck einer inneren Not. Wenn ich keine Perspektiven sehe, eigenen Anliegen, eigenen Anteilen und Bildern Ausdruck und Platz zu geben, ziehe ich mich zurück. Null Bock, null Motivation, Desinteresse sind Ausdruck einer derartigen Situation. Dahinter verbirgt sich der Wunsch: „Seht mich mit meinen Anliegen, Stärken und Träumen! Gebt mir die Möglichkeit und unterstützt mich darin, es auf meine Weise zu versuchen, selber zu denken, selber zu handeln und die Folgen meines Tuns am eigenen Leib zu erfahren!" Dies gelingt nur in Beziehung und aktiver Auseinandersetzung – im Dialog.

3.2 Ausweichen/Ausspielen

Der Aufbau des inneren Haltes ist verbunden mit dem Erlernen und Vertiefen von Fähigkeiten und Fertigkeiten, die in unserer Kultur zum Grundrüstzeug einer eigenständigen und eigenverantwortlichen Persönlichkeit gehören. Dieser Kompetenzaufbau beginnt sehr früh und gelingt nicht nur nach dem Lustprinzip. Wir, die Erwachsenen, haben die Aufgabe, Kinder an diesen Kompetenzaufbau heranzuführen, sie darin zu unterstützen, ihnen entwicklungsentsprechende Aufgaben und Herausforderungen zuzutrauen und zuzumuten. Es liegt dabei an uns, die Herausforderungen so zu gestalten und zu etappieren, dass sich das Kind auf dem Lernweg erfolgreich erfahren kann. Gelingt dies, ist der Erfolg wie eine Gelingensbrücke für den nächsten Schritt.

Neue Aufgabestellungen, Regeln, Verpflichtungen usw. kommen den Kindern oft „in die Quere". Es ist legitim und für Kinder normal zu versuchen, diesen Anforderungen auszuweichen. Dabei sind Kinder findig und treffen oft die Schwachstellen bei den Eltern oder Lehrpersonen.

Unterschiedliche Motive können im Hintergrund zu Ausweichmustern führen:
- Ich habe keine Lust.
- Ich traue mir dies nicht zu – und wie stehe ich da, wenn es nicht gelingt.
- Ich bin jetzt mit ganz etwas anderem beschäftigt, das wichtig ist.
- Es steht mir zu, dass ihr (andere) das für mich erledigt.
- Wenn ich dies tue, verhalte ich mich XY gegenüber nicht loyal.
- Wenn ich dies tue, wie stehe ich dann in Bezug zu einer wichtigen Bezugsgruppe (z. B. Peergruppe) da?

Auch hier gilt es zuerst zu ordnen und zu verstehen, welche Motive hinter dem Ausweichen stehen. Wenn sich der Hintergrund des Ausweichens klärt, hilft diese Klärung, die Richtung des nächsten Schrittes zu finden, und stärkt so die Handlungssicherheit.

Unterschiedliche Interventionen

- In Situationen, bei denen es beim Kind um Lust und Unlust geht oder um den Versuch, die Aufgabe zu delegieren respektive den Weg des geringsten Widerstandes zu gehen, sind die Erwachsenen gefordert, den Rahmen klar zu setzen und die Kinder angemessen in die Pflicht zu nehmen. Nicht verhandelbare Aufgaben und Forderungen sind als solche klar zu kommunizieren und nicht in eine Frage zu verpacken. „Würdest du bitte …" wäre eine Mogelpackung.
- Wenn Ausweichmuster gekoppelt sind mit der Erfahrung (oder dem inneren Bild) „Ich kann das nicht, das ist zu schwer …" sowie mit Versagensängsten und Selbstabwertungen, braucht das Kind Unterstützung. Wir müssen den Rahmen so gestalten, dass sich das Kind als genügend befähigt und unterstützt erfährt, um „die Aufgabe" zu wagen. Vielleicht ist die Arbeit in Teilziele zu etappieren. Wichtig ist, dass auch kleine Erfolge und das Erreichen von Teilzielen beachtet und entsprechend gewürdigt werden. Das Kind soll erfahren, dass wir ihm diese Aufgabe zutrauen und davon überzeugt sind, dass es sie meistern kann. Das stiftet Vertrauen und Zuversicht in das eigene Tun.

3.3 Grenzen

Zu Grenzen haben wir Menschen ein ambivalentes Verhältnis. Einerseits ist es wichtig, Grenzen zu erfahren, Grenzen, die uns Schutz, einen sicheren Platz und Zugehörigkeit gewährleisten. Andererseits wecken Grenzen unsere Neugier und unseren Widerspruch. Wir wollen das noch Unbekannte hinter den Grenzen erforschen.

Schon in der Genesis steht im Paradies der Baum der Erkenntnis mit seinen Früchten als Grenze und Regel – doch der Apfel dieses Baumes wollte gepflückt werden.

Die Geschichte zeigt aber auch, dass jede Grenzerweiterung Folgen hat, uns einen „Preis" abverlangt, und je nach Situation kann dieser Preis sehr hoch sein.

Der Umgang mit Grenzen und die Erweiterung der eigenen Grenzen wollen geübt sein.

Es ist eine wesentliche Aufgabe in der Erziehung, Kinder und Jugendliche an Grenzen heranzuführen, sie zu lehren, mit der Ambivalenz umzugehen, die Grenzen innewohnt. Sie sollen lernen, Grenzen zu respektieren, und darüber hinaus müssen wir sie befähigen, diese zu überschreiten. Sie müssen befähigt werden, Verantwortung und Konsequenzen zu übernehmen, die aus Grenzüberschreitungen entstehen, um so an Grenzen zu wachsen.

Kinder und Jugendliche haben einen natürlichen Drang, ihr Lebensumfeld und damit ihre Kompetenzen auszuweiten. Neugier, Wissensdurst, Nachahmung, Trotz und der Drang, „mit dem Feuer zu spielen", sind dafür Ansporn. Wir, die Erwachsenen, sollten Sorge tragen, dass diese Grenzerweiterungen in einem angepassten und möglichst geschützten Rahmen stattfinden können. Grenzerweiterung ist meist auch mit Risiko und Gefahren verbunden, was die Eltern ängstigt, denn sie machen ihnen und uns allen die fragile Seite des Lebens und insbesondere die der Kinder offensichtlich.

Grenzen setzen bedeutet vor diesem Hintergrund, dass die Erwachsenen für den ganz konkreten aktuellen Entwicklungsrahmen des Kindes Verantwortung tragen. Grenzen und Regeln sind so nicht Selbstzweck, sondern stellen Hilfsstrukturen im Entwicklungsprozess der Kinder und Jugendlichen dar. Sie stecken den Rahmen ab, in dem der nächste Schritt gewagt und gemeistert werden kann. Entwicklungsoffene Grenzen schützen, muten zu und nehmen in die Pflicht.

Grenzen sollen …

- so kommuniziert werden, dass Kinder und Jugendliche sie verstehen (verstanden ist nicht gleich einverstanden!),
- nicht beliebig geändert werden,
- von den wichtigsten Bezugspersonen gemeinsam abgesprochen und getragen werden,
- auf die Bedürfnisse, Fähigkeiten und den Entwicklungsstand des Kindes/Jugendlichen abgestimmt sein,
- Eigenverantwortung ermöglichen,
- beim Regelverstoss angemessene Folgen haben, ohne das Kind, den Jugendlichen abzuwerten oder zu demütigen,
- entwicklungsoffen gestaltet sein.

Zudem werden wir Erwachsene durch die Kinder und Jugendlichen immer wieder neu mit diesem Thema konfrontiert. Fragen an uns selber werden wach:

- Wo setze ich mir meine Grenzen?
- Wo und wie begrenze ich andere?
- Bin ich noch bereit, ein Risiko auf mich zu nehmen?
- Bin ich noch offen, scheinbar „Unmögliches" zu wagen?
- Kann ich mich klar abgrenzen und „gut" für meine Anliegen einstehen?
- Sind meine Grenzen starr oder sind sie noch veränderbar?

3.4 Trennung

Zahlreiche Ehepaare trennen sich. Vorstellungen, Wünsche und Träume erfüllen sich nicht wie erhofft, die Lebensentwürfe der Partner nehmen neue, nicht eingeplante Wege. Das ist für die Betroffenen immer eine schwierige, emotional sehr angespannte, mit Schuld, Vorwurf und Rechtfertigung belastete Situation. Hier den Überblick zu behalten, zu verstehen, was auf den verschiedensten Ebenen passiert, und angemessen zu handeln, erscheint kaum möglich.

Trennung bedeutet zu Beginn in der Regel „Ausnahmezustand" für alle Beteiligten. Niemand hat die Situation im Griff, der Boden trägt nicht mehr und neue Perspektiven verbergen sich noch im Nebel. In dieser Situation sind bei den "fünf Grundaspekten des Seins" (Seite 19) eher die negativen, hemmenden und einschränkenden Aspekte aktiv und nehmen die Beteiligten gefangen. Es kann hilfreich sein, um diese „Wohnungen" zu wissen, um wenigstens Teilbereiche aktiv und förderlich zu steuern und zu ordnen.

Wenn Kinder durch die Trennung mitbetroffen sind, gilt es nicht nur die Paarebene zu bewältigen, wobei den Eltern eine grosse Verantwortung zukommt.

Die Elternbeziehung ist im Unterschied zu der Paarbeziehung nicht trennbar. Was auch immer ist und künftig sein wird:

- Die biologische Mutter ist und bleibt die einzig richtige Mutter.
- Der biologische Vater ist und bleibt der einzig richtige Vater.
- Beide bleiben die einzig richtigen Eltern – „auf immer und ewig"!

Es ist höchst anspruchsvoll, mit diesen scheinbar unvereinbaren Aspekten einen angemessen guten Umgang zu finden. Zwei, sich scheinbar widersprechende und emotional besetzte Aspekte müssen ihren geachteten und geschützten Platz finden: **einerseits die Trennung – andererseits das Untrennbare.**

- Die Kinder sind das Bindeglied auf der Elternebene (nicht aber in der Paarbeziehung!). Damit es in der Erziehung/Entwicklung der Kinder gut weitergehen kann, haben die Eltern einen weiteren Balanceauftrag: Sie müssen ihre verschiedenen Bedürfnisse aufeinander abstimmen. Kinder haben den Anspruch und das Anrecht darauf, dass Eltern auch in dieser Situation eigene Bedürfnisse auf Zeit zurückstellen.

Für die Zukunft der Kinder, aber auch für den eigenen Weg, ist es entscheidend, wie den Eltern dieser Balanceakt gelingt. Die folgende Visualisierung verdeutlicht die Situation.

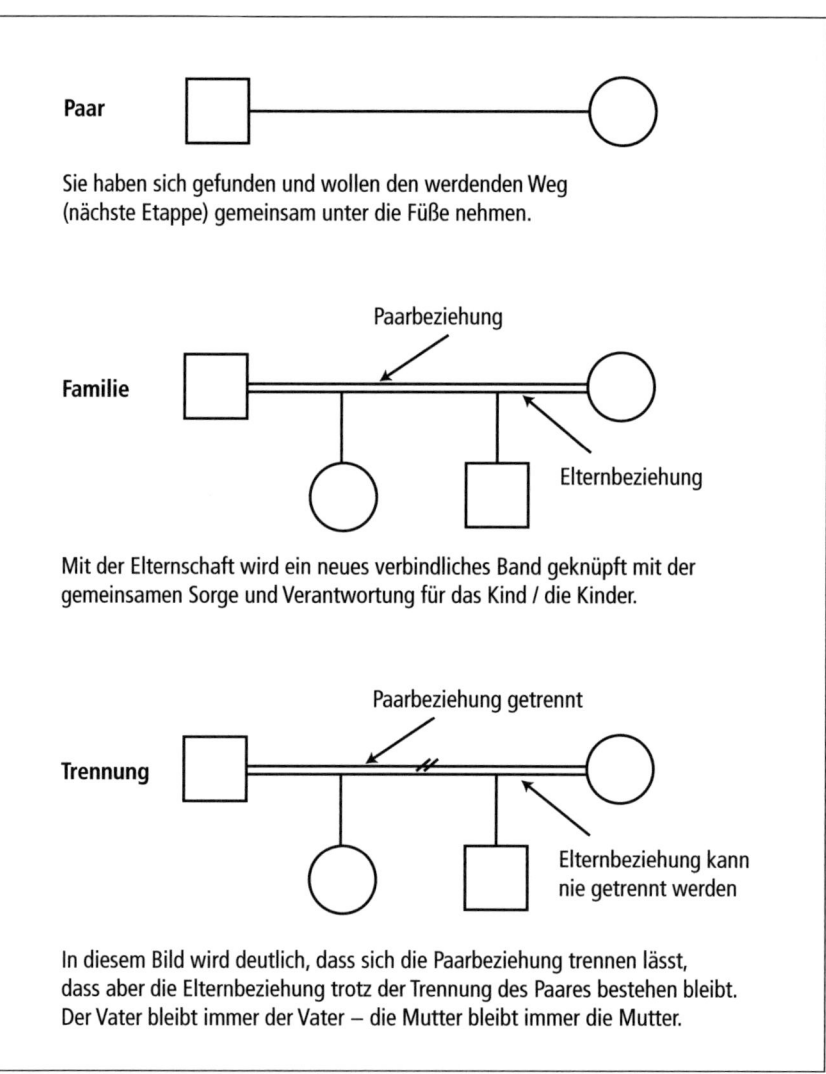

Paar

Sie haben sich gefunden und wollen den werdenden Weg
(nächste Etappe) gemeinsam unter die Füße nehmen.

Familie

Paarbeziehung

Elternbeziehung

Mit der Elternschaft wird ein neues verbindliches Band geknüpft mit der
gemeinsamen Sorge und Verantwortung für das Kind / die Kinder.

Trennung

Paarbeziehung getrennt

Elternbeziehung kann
nie getrennt werden

In diesem Bild wird deutlich, dass sich die Paarbeziehung trennen lässt,
dass aber die Elternbeziehung trotz der Trennung des Paares bestehen bleibt.
Der Vater bleibt immer der Vater – die Mutter bleibt immer die Mutter.

Im Bild drei wird deutlich: Die Paarbeziehung lässt sich trennen, die Elternbeziehung bleibt über die Trennung des Paares hinaus bestehen, auf ewig.

Was ist zu beachten?

- Die Verantwortung für die Paarbeziehung liegt immer bei den Erwachsenen.
- Die Paarbeziehung geht die Kinder grundsätzlich nichts an. Kinder in Themen einzubeziehen, die auf die Ebene der Erwachsenen gehören – Themen, die Mann und Frau angehen –, bedeutet Übergriff von der Erwachsenenebene zum Kind. Davor ist das Kind zu bewahren.
- Kinder tragen für die Trennung ihrer Eltern keine Verantwortung. In ihrem oft magischen Verständnis der Ereignisse in ihrem Umfeld nehmen Kinder nicht selten die Schuld für die Trennung der Eltern auf sich. Vor dieser kindlichen Schuldübernahme sind Kinder zu schützen.

3.4.1 Was ist zu tun?

Die Eltern übernehmen Führung und Verantwortung. In diesem Fall müssen sie den Kindern einfach und klar die Lage erklären. Zum Beispiel:

„Mama und ich (oder Papa und ich), wir werden uns trennen. Das ist etwas zwischen uns. Mit euch hat das nichts zu tun. Wir werden das regeln, sodass es möglichst gut weitergeht, auch für euch. Was auch immer kommt, wir bleiben eure Eltern – hier die Mutter und da der Vater –, und wir sind auch in Zukunft für euch da. Wenn wir wissen, wie wir die Situation regeln können, sagen wir es euch. Und wenn ihr Fragen habt, stellt sie. Wir werden diese Fragen beantworten, so gut wir können. Und nochmals, unsere Trennung hat nichts mit euch zu tun."

Aussagen dieser Art ordnen, klären und geben Orientierung in dieser für die Kinder schwierigen Situation. Dadurch dass die Eltern die Verantwortung klar an sich nehmen, werden die Kinder fürs Erste entlastet.

Für die Eltern ist es anspruchsvoll, in dieser Situation die beiden Ebenen zu trennen. Ohne bewusste Steuerung vermischen sich die Paarebene und die Elternebene, was die Kinder verunsichert und ihre Energien bindet. Gelingt es den Eltern nicht, neben der schon schwierigen Trennungssituation auf der Paarebene, die Kinder angemessen zu begleiten, kann sich dies auf alle Entwicklungsfelder entwicklungshemmend auswirken. Schulleistungen, Sozialverhalten und Lebensfreude werden massiv beeinträchtigt.

Wenn Kinder instrumentalisiert werden und zwischen die Fronten der Eltern geraten, ist das ein Übergriff, der für die kindliche Seele nicht verkraftbar ist. Über materielle Geschenke oder Versprechungen wird oft versucht, Kinder auf die eine oder andere Seite zu ziehen. Der andere Elternteil wird vor dem Kind abgewertet, beschuldigt oder als böse gebrandmarkt. Dadurch geraten Kinder in einen Loyalitätskonflikt.

Müssen sich Kinder hier für einen Elternteil entscheiden, überfordert es sie in der Regel stark und bringt sie in grosse Not.

Daher gilt:

- Was zwischen den Erwachsenen geregelt werden muss, wird dort geregelt.
- Vor den Kindern wird über den Partner/die Partnerin nicht schlecht gesprochen. Es gibt keine gegenseitigen Abwertungen und Vorwürfe.
- Die Kinder haben grundsätzlich das Recht auf Mutter- und Vaterzeiten.
- Das Besuchsrecht wird schnell und verbindlich geregelt. Die Kinder wissen, wann sie wo sind.

Wenn es gelingt, diese Verantwortlichkeiten klar zu benennen und zu ordnen, tritt eine Entlastung für die Kinder ein und eine Trennung wird besser bewältigbar. Es kann lernen, wie in schwierigen Situationen der gegenseitige Respekt gewahrt und faire Lösungen entwickelt werden. In diesem Sinne kann eine schwierige Situation zu einem Ressourcenmodell werden, das neben Enttäuschung und Verunsicherung auch deren Umwandlung zur Kompetenz vermittelt.

Nicht wie sich eine Situation zeigt, sondern das, was wir aus ihr machen, ist entscheidend.

Dem, was sich zeigt, gilt es, zuzustimmen. Die Akzeptanz der Situation, so wie sie sich zeigt, ohne Vorwurf, ohne Schuldzuweisung, ohne Wertung, bildet die Grundlage für den nächsten Schritt. Sie erlaubt es nun, die Vergangenheit zu achten, aus der eigenen Geschichte zu lernen und sich so von Verstrickungen zu lösen. Mit dieser Grundhaltung werden Menschen offen für die Aspekte des inneren Haltes und können sich an zukünftig möglichen Gelingensbildern und Visionen orientieren.

Der Situation zuzustimmen, so wie sie sich stellt, bedeutet nicht, dass ich das so gutheisse, wie es ist, und damit einverstanden bin. Zustimmen bedeutet, dass ich die Realität annehme – und nur in dieser Realität und deren bedingungslose Annahme wohnen auch die Kraft und die Möglichkeit der Veränderung und der Verbesserung. Diesen Zustand anzunehmen scheint mir eine der schwierigsten und anforderungsreichsten Aufgaben für ein Individuum und natürlich auch für Eltern zu sein.

SCHULE GELINGT JEDEN TAG NEU

1.   Schule als Organismus

Schule kann mit einem lebendigen Organismus verglichen werden. In unserer Kultur ist sie neben der Familie das Vorbereitungs- und Erfahrungsfeld in der menschlichen Entwicklungsbiografie, individuell für jeden Einzelnen wie auch sozial, als Teil der Gemeinschaft. Schule unterstützt, in Ergänzung zur Familie, den Aufbau des inneren Haltes der Kinder und Jugendlichen, fördert und vertieft Fähigkeiten und Fertigkeiten. Sie vermittelt nicht nur „verstehendes Wissen", damit die Kinder und Jugendlichen Schritt für Schritt sich selber, die Menschen und alles Lebendige, die Welt mit ihren Realitäten und Anforderungen, verstehen und erfahren, sondern soll auch befähigen, sich an dieser Welt und deren Weiterentwicklung aktiv und mitverantwortlich zu beteiligen, die eigenen Fähigkeiten allen dienstbar zu machen. Darüber hinaus soll sie Freude am Tun, Forschen und Leisten wecken und zum Üben, Vertiefen und Durchhalten anleiten. Auch soll und darf sie die Erfahrung und den Umgang mit Schwierigkeiten und Misserfolg stimulieren und einfordern.

Im Unterschied zu den meisten Dienstleistungserbringern oder Produktionsstätten hat die Schule einen langen Zyklus. Für mindestens zehn Jahre stellt das „Feld Schule" einen wesentlichen Lehr- und Lernort für Kinder und Jugendliche dar. Diesem auf Dauer und Konstanz angelegten Zeitraum ist in der Organisation, Planung und Erneuerung Rechnung zu tragen. In der schnelllebigen Zeit von heute, in der wir uns an Quartalszahlen orientieren, um daraus resultierend schnelle Optimierungen und Restrukturierungen einzuleiten, kommt der Schule mit einer doch ziemlich langen Durchlaufzeit eine Ausnahmestellung zu.

Umso wichtiger ist die Einsicht, dass sie nicht wie irgendein Produktions- oder Dienstleistungsbetrieb gemanagt werden kann. Da Veränderungen, Optimierungen und Anpassungen an veränderte Realitäten im „Feld Schule" notwendig sind, müssen sie aber auch deren systemimmanenten Besonderheiten Rechnung tragen, um erfolgreich zu sein.

Schule stellt eine Verbundaufgabe dar. Die übergeordneten Ziele und Rahmenbedingungen werden vom Staat verbindlich festgelegt, dessen Rahmenauftrag die jeweilige Schule vor Ort gestaltet, konkretisiert, beseelt und realisiert. Die Eltern sollen verbindlich in den gemeinsamen Erziehungs- und Bildungsauftrag einbezogen werden. Die Rollen (Aufgaben, Kompetenzen und Verantwortlichkeiten) der verschiedenen Partner und deren Zusammenarbeit sind zu klären. Dieser Dreiecksvertrag Staat/Schule/Eltern ist eine wichtige Voraussetzung für gelingende Schule.

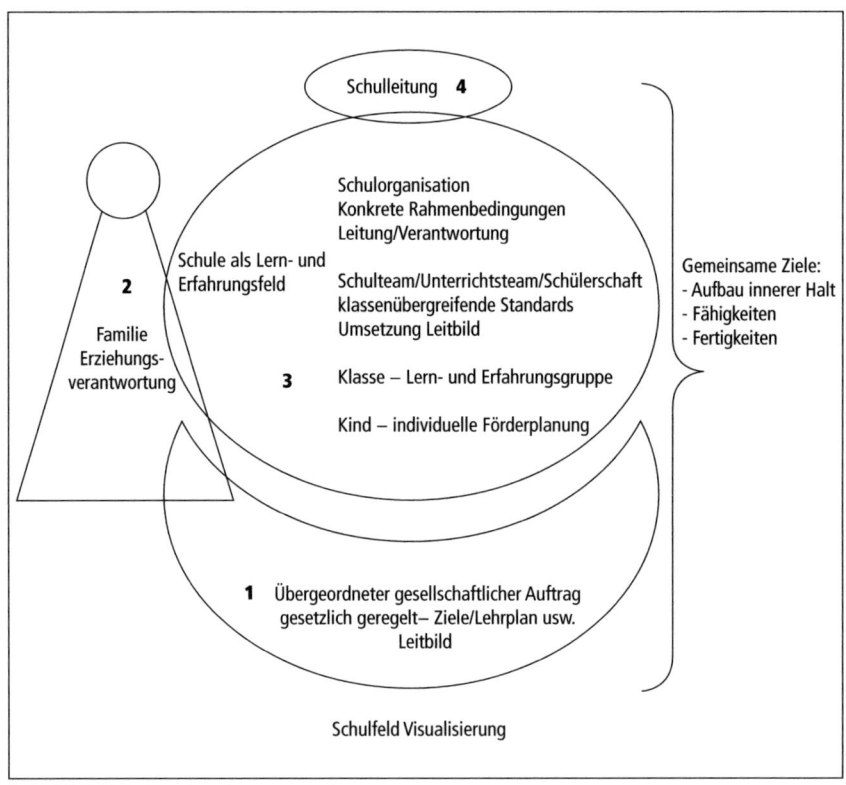

2. Voraussetzungen, damit Schule gelingt

2.1 Beziehung und Vertrauen

Kinder und Jugendliche wollen lernen, sich erproben, etwas leisten und bewirken. Sie brauchen Herausforderungen, angemessene Förder- und Lernfelder, Unterstützung und Anerkennung. Sie wollen Auseinandersetzung, Grenzen und Freiräume testen, sie wollen sich entwickeln, Freude erleben, und sie glauben an das Unmögliche.

Zwei Voraussetzungen sind für die Schule unabdingbar: Lernen und „auf dem Weg sein" gelingen nur über und in Beziehung. Letztere funktioniert aber nur dann, wenn Vertrauen aufgebaut, erweitert und erprobt werden kann.

Ohne Menschen, zu denen **Vertrauen** aufgebaut und **Beziehung** gelebt und erprobt werden kann, gelingt weder Erziehung noch Bildung oder Schule.

Die Schule als Organisation, als „Organismus", hat die Aufgabe, sicherzustellen, dass die internen Strukturen und Prozesse auf Beziehung und Vertrauen ausgerichtet sind. Das Schulteam, unter der Führung der Schulleitung, muss sich darüber klar werden, welche Haltungen, welches Menschenbild, welche Zusammenarbeitskultur und welche gemeinsamen Ziele ihnen als verbindliche Grundlage dienen. Letztere kommt in der Umsetzung sowohl in der Arbeit mit den Kindern als auch in der Elternzusammenarbeit zum Tragen.

Auf dieser Grundlage ist erfolgreicher Unterricht möglich. Unterrichtsformen, Methodik und Didaktik wie auch förderdiagnostische Erkenntnisse bis hin zu den Standortgesprächen bauen darauf auf. Beste fachliche Kenntnisse, verbunden mit vertieftem methodisch-didaktischem Wissen, bestens vorbereitet und vorgetragen in modernsten Unterrichtsformen, sind ohne die oben beschriebene Verbindung zu Beziehung und Vertrauen in der Regel ohne Wirkung.

Diese Grundlagen für gelingende Pädagogik und gelingende Schule sind Thema der weiteren Ausführungen. Dazu gehören Rahmenbedingungen, Strukturen und Prozesse, die Schule auf der Grundlage von Beziehung und Vertrauen ermöglichen. Und das im Wissen darauf, dass sich beides, Beziehung und Vertrauen, weder verordnen noch erzwingen lassen.

Förderdiagnostik, Methodik, Didaktik und Unterrichtsgestaltung sind ergänzende und für den konkreten Unterricht wesentliche Aspekte, die sich aber erst auf der beschriebenen Grundlage zum Ganzen fügen (siehe Literaturliste).

2.1.1 Das Beziehungs- und Lernfeld Schule

Schule ist das Lern- und Entwicklungsbiotop in Ergänzung zur Familie. Darin entdecken Kinder und Jugendliche ihre Individualität und Einzigartigkeit mehr und mehr und bringen ihr INNEN – in Verbindung mit den Realitäten, Anforderungen, Gesetzmässigkeiten und Herausforderungen dieser Welt – in Einklang mit dem AUSSEN. Schule hilft, dieses Aussen zu begreifen, verstehendes Wissen darüber zu erlangen und Brücken zu bauen zwischen diesem Wissen, dem eigenen ICH und der Welt.

....

INNEN
Wir alle kommen als einmalige und einzigartige Individuen auf diese Welt. Jeder Mensch wird geboren mit der unverwechselbaren, in seinem innersten Wesen eingefalteten Individualität. Dazu gehören Begabungen, Aussehen, Konstitution bis hin zu Dispositionen und feinsten Wesenszügen unserer Seele. Dieses „Gegebene" drängt nach Entfaltung. Es ist als einmalige Möglichkeit in uns angelegt und sucht durch uns nach Ausdruck. Diese unsere

Innenseite ist nicht Selbstzweck, sie will dienstbar sein für uns und durch uns für die Gemeinschaft, für die Erde. Sie ist angelegt auf Beziehung, auf Kontakt mit dem einmaligen DU und über das DU hinaus zu allem, was ist.

AUSSEN

DU, und alles, was auch noch ist, ist Aussen. Unser Innen drängt es nach Entfaltung und nach Entsprechung im Aussen. – Aussen ist Welt, Aussen wirken die Gesetze und Ordnungen der belebten und unbelebten Natur. Von diesem Aussen ist jeder Mensch abhängig, es trägt ihn, es nährt ihn, es nimmt ihn in die Pflicht, in Beziehung. Die Balance zu finden zwischen Innen und Aussen und in dieser Balance zu bestehen und sich einbringen zu können, darin besteht unsere Aufgabe.

Die Welt, in die der Mensch hineingeboren wird, ist unendlich vielfältig und reich. Um in dieser Vielfalt bestehen zu können, um zu unterscheiden zwischen dem, was uns nährt und fördert, und dem, was uns bedroht und schwächt, sind wir auf gute Begleitung angewiesen.

BEGLEITUNG

Primäre Begleiter sind die Eltern. Sie haben die Aufgabe, die unverwechselbare Individualität und Persönlichkeit des Kindes zu entdecken und in Kontakt zu bringen mit der Welt, dem Aussen. Die Eltern und weitere wichtige Bezugspersonen leihen dem Kind ihre eigenen Erklärungsbilder für diese Welt. Über diese Bilder macht sich das Kind Bilder über sich selber, über Menschen, über all die Dinge dieser Welt. – Die Erwachsenen sind so Orientierung und Wegweiser, mit denen die Kinder ihren Platz auf der Welt entdecken. – Später gilt es dann, diese übernommenen Bilder als solche zu erkennen, selber Stellung zu nehmen, selber zu denken und einen eigenen, persönlichen Standort zu finden.

Schule gehört zu den oben beschriebenen Begleitern. Sie baut auf dem bisher Gelernten und den bisherigen Erfahrungen auf, führt den Weg weiter in Richtung Aufbau des inneren Haltes mit den fünf Aspekten (siehe S. 43).

Um diesen Weg weiterzugehen, ja Neues zu wagen, brauchen Kinder Sicherheit, Unterstützung und Erwachsene, die ihnen die nächsten Schritte zutrauen und einfordern, ihnen Mut machen und sie bei Misserfolg nicht blossstellen.

Bevor Kinder sich dem Risiko, „Neues" zu erlernen, aussetzen, testen sie, ob sie bei den ihnen wichtigen Personen, und das sind in der Regel auch die Lehrpersonen, Halt, Unterstützung und Anerkennung finden. Erscheint das „Schulnetz" sicher, ist Erfolg möglich, und wenn Berge versetzt werden können, dann nur auf diesem Fundament.

Wie gelingt es nun, eine Schule so zu gestalten, dass Beziehungen und Vertrauen gefördert und vertieft werden, im Wissen darum, dass dies wesentliche Grundlage für Erziehung und Bildung ist?

2.2 Klare Organisation

Die Schule ist so zu organisieren, dass sich die Menschen darin aufgehoben, akzeptiert und respektiert fühlen. Die Schulorganisation trägt alle, Kinder und Erwachsene. Durch die gewählten Strukturen, Inhalte und Prozesse soll ein möglichst sicherer Rahmen gewährleistet werden, der den Erwachsenen wie auch den Kindern Handlungssicherheit gibt und das Lernen unterstützt.

2.2.1 Anforderungen an die Schulorganisation:

- Die Rahmenbedingungen, Funktionen, die pädagogische Ausrichtung und Haltungen sind eindeutig und klar (Organigramm, Funktionendiagramm, Stellenbeschreibungen, Leitbild usw).
- Die operative Führungsverantwortung ist definiert und wird im Dienste der Organisation Schule aktiv wahrgenommen. Führungsleitsätze sind formuliert und werden gelebt.
- Aufgaben, Kompetenzen und Verantwortlichkeiten der verschiedenen Akteure sind klar, transparent und kommuniziert.
- Die Erwartungen an die Zusammenarbeit in der unterrichtsfreien Zeit sind geklärt und entsprechende Zusammenarbeitsgefässe installiert.
- Die Kommunikation ist offen, direkt und auftragsorientiert.
- Der Umgang mit Dissens und Konflikten ist „angemessen offen" gefasst.
- Support in schwierigen Situationen ist sichergestellt, schnell, direkt und unkompliziert (pädagogischer Support, Supervision usw.).
- Klassenübergreifende Vereinbarungen zu Themen wie Regeln des Zusammenlebens, Regelung Vor-, Nachschulzeit usw. sind festgelegt.

2.2.2 Schulleitung

Allen unterrichtenden Lehrpersonen muss klar und einsichtig sein, was der Schulleitung wichtig ist, wofür sie einsteht, auf welche „Schulvision" hin, aus Sicht der Leitung, sich die Schule weiterentwickeln soll. Es ist allen Lehrpersonen einsichtig, welche Rahmenbedingungen und Regelungen verbindlich und nicht verhandelbar und welche gemeinsam ausgestaltet und an die Gegebenheiten vor Ort massgeschneidert angepasst werden können.

Die Schulleitung ist verantwortlich für Rahmenbedingungen, die allen, die in der Schule ein- und ausgehen, ein grösstmögliches Mass an Handlungssicherheit, auf der Basis eines verbindlichen Beziehungsnetzes, sicherstellen.

Wesentliche Schwerpunkte der Schulleitung

- Sie ist verantwortlich für die Umsetzung und das Controlling des gesellschaftlichen Bildungsauftrages.
- Sie führt die Schule und entwickelt federführend, partnerschaftlich mit dem Schulteam, das pädagogische Profil, Klassen übergreifende Vereinbarungen, gemeinsame Grundhaltungen und die Zusammenarbeitskultur.
- Sie stützt und unterstützt die Lehrpersonen und das Schulteam in zentralen Fragen und in heiklen Situationen.
- Sie unterstützt und fördert die fachliche Weiterbildung und die Persönlichkeitsbildung der Lehrpersonen.
- Sie hat ein zugewandtes, offenes Ohr für Lehrpersonen, Kinder und Eltern, die aus ihrer subjektiven Sicht Unterstützung benötigen, und hilft, schwierige Situationen einer Klärung zuzuführen.

So geklärte Rahmenbedingungen und Ordnungen schaffen einen sicheren Raum und damit eine gute Voraussetzung, dass verbindliche Beziehung gelebt und Vertrauen aufgebaut werden kann. In dieser Weise kommen funktional gestaltete Rahmenbedingungen und eine Leitung, die sich im Dienste einer guten Schule versteht, allen an dieser Schule zugute.

Lehrpersonen haben zu den Themen Führung, Vorgaben, Hierarchie oft ein ambivalentes Verhältnis und nähern sich dem Thema meist nur vorsichtig und mit Vorbehalt. Funktional gestaltete, transparente Hierarchie entlastet und klärt nach innen und aussen. Auch hier braucht es ein gewisses Mass an Vertrauen seitens der Lehrpersonen, dass Führung und übergeordnete Vereinbarungen auf erfolgreiche Rahmenbedingungen und Zusammenarbeit zielen.

Wenn es den einzelnen Lehrpersonen und dem gesamten Schulteam gelingt, der Schulorganisation und der Leitung ein gesundes (und auch kritisches) Mass an Vertrauen entgegenzubringen, werden sie auch gleichzeitig Vorbild und Modell für die Kinder.

2.2.3 Schulteam

Im „Organismus Schule" ist das Schulteam eine zentrale Ressource, die den einzelnen Lehrpersonen Unterstützung, Zuversicht und Halt geben kann und in dieser Weise den konkreten Unterricht nährt und stützt.

Zusammen mit der Leitung ist es sinnvoll, gemeinsame Ziele, die pädagogische Ausrichtung und kollektive Grundhaltungen zu wesentlichen Themen für „unsere Schule" auszuhandeln und verbindlich zu vereinbaren. Diese „Vereinbarungen" sind angemessen offen zu gestalten, sodass die Umsetzung jeweils persönlich gestaltet werden kann. Es geht nicht um Gleichmacherei, es geht um einen Konsens in wesentlichen Grundfragen.

Vereinbarungsbeispiel:
Alle Erwachsenen sind allen Kindern vorgeordnet und interventionsbefugt/ interventionsverpflichtet. Gegenseitige Unterstützung in konkreten Situationen gehört zum Schulauftrag jeder Lehrperson. Die Kraft des Teams hat eine grosse Vorbildwirkung auf die Kinder im Sinne von Modelllernen (individuell und als Gruppe.) Sie entlastet/stärkt die einzelne Lehrperson.

Wenn beispielsweise auf dem Schulareal offensichtlich Gewalt ausgeübt wird, hat jede Lehrperson die Pflicht zu intervenieren. Wegschauen ist nicht erlaubt! Die konkrete Intervention mag von Lehrperson zu Lehrperson unterschiedlich sein. Diese Unterschiede dürfen Thema sein, um die Bandbreite der Handlungsmöglichkeiten zu thematisieren und im Team abzustützen.

Unterschiedliche Umsetzungen sind für die Kinder ein wichtiges Lernfeld. So wie es im privaten Bereich Unterschiede gibt (Tischregeln zu Hause versus Tischregeln bei „Nachbars"), werden Grundregeln je Lehrperson persönlich, also unterschiedlich ausgestaltet. Die Unterschiedlichkeit tangiert den Kern der Grundregel nicht. Dass Kinder versuchen, die Unterschiede auszuspielen, ist normal. Es liegt dann an uns, das „Spiel" zu konfrontieren und zu klären: „Das ist meine Handhabung dieser Regel und das die Handhabung meiner Kollegin."

Auf dem Weg zu diesen Vereinbarungen unterstützen gemeinsam entwickelte Spielregeln den Umgang mit Differenzen und unterschiedlichen Meinungen. Die fünf Aspekte aus dem Kapitel „Die fünf Grundaspekte im ‚Haus des Seins'" S. 19 können für diese Spielregeln Hinweise geben. Oft ist es entlastend und zielführend, wenn eine externe Fachperson diesen Prozess begleitet und coacht.

2.2.4 Unterrichtsteam

Schon in der Unterstufe werden Kinder in der Regel von mehreren Lehrpersonen unterrichtet. Die Unterrichtsteams übernehmen gemeinsam die Verantwortung für die Gestaltung des Unterrichtes, bereiten gemeinsam vor und bringen, ergänzend zueinander, ihre individuellen Stärken und Fähigkeiten zum Tragen. Gemeinsam werden erfolgreiche Rahmenbedingungen entwickelt, Unterrichtsformen abgesprochen und gemeinsame Haltungen und Ausrichtungen thematisiert. Das führt auch dazu, dass die Elternarbeit innerhalb des Unterrichtsteams klar abgesprochen und geregelt wird.

2.2.5 Casemanagement

Um eine gute, kindzentrierte Zusammenarbeit nach innen und aussen sicherzustellen, ist es sinnvoll, ein Casemanagement zu installieren. Für jedes Kind übernimmt eine Lehrperson aus dem Unterrichtsteam die übergeordnete Verantwortung. Sie hütet die systemorientierten Themen und sorgt für eine transparente und partnerschaftliche Information zu den Eltern. Ferner nimmt sie deren Anliegen wie auch die Themen und Anliegen der übrigen Lehrpersonen auf und ist dafür zuständig, offene Fragen auf den Tisch zu bringen und einer Klärung zuzuführen. Sie ist zudem darüber informiert, in welche ausserschulischen therapeutischen Massnahmen das Kind eingebunden ist, um so eine Gesamtschau zu erhalten und auf diesem Hintergrund den Entwicklungsrahmen samt den dazugehörenden Fördermassnahmen zu überprüfen und, wenn angezeigt, gemeinsam neu zu thematisieren.

2.2.6 Lehrperson/Klasse

Die Lehrperson gibt der Klasse den äusseren Halt. Sie prägt die Atmosphäre, die Kultur und die Spielregeln. Unterricht, Lerninhalte und weitere Aspekte von „Schule" werden durch die Lehrperson persönlich, unverwechselbar und einzigartig. Damit ihre Lehrpersönlichkeit so zum Tragen kommt, ist es unabdingbar, dass sie einen klaren eigenen Standort hat, weiss, was ihr wichtig ist und wofür sie einsteht. Ihr innerer Halt mit den fünf Aspekten ist gut ausgebildet. Aus dieser Mitte heraus gestaltet sie den Unterricht. Aus dieser Mitte heraus lebt sie Beziehungen zu den einzelnen Kindern und zur Klasse.

Das ist die wesentlichste Aufgabe der Pädagogen: Lerninhalte, Methodik und Didaktik mit der eigenen Mitte zu verbinden, diese dadurch persönlich werden zu lassen und in lebendigen Austausch zu bringen. Gewandelt durch diese Mitte verlieren Schwierigkeiten, Anforderungen und komplexe Sachverhalte den ihnen manchmal anhaftenden Schrecken.

In der Klasse machen Kinder WIR-Erfahrungen, erleben sich als Teil eines grösseren Ganzen. Hier lernen sie, ihre Ideen, Stärken und Besonderheiten einzubringen und über sich hinaus dienstbar zu machen. Dabei erfahren sie, dass alle Kinder Ideen, Stärken und Besonderheiten haben, diese sich aber zu etwas Neuem ergänzen können. Sie lernen auch, ihren Platz zu finden, als Kind neben anderen Kindern, einfach so. Für viele bedeutet dies auch, zu lernen, sich gesund anzupassen und zu erfahren, dass es unter den Kindern keinen „König" braucht und in der Klasse die Rolle der Führung bei der Lehrperson liegt.

Dieses WIR ist eine Kraft, der die Lehrperson in ihrem inneren Bild Raum geben kann. Gelingensbilder eines guten Klassengeistes, gegenseitiger

Unterstützung und gemeinsamer Anstrengungen wirken über das innere Bild nach aussen. Die eigene Haltung und die verinnerlichten Bilder erleichtern und unterstützen die Teambildung und den Klassengeist erheblich. Klarheit darüber, was im Schulzimmer und im Miteinander durch die Lehrperson vorgegeben und nicht verhandelbar ist und welche Felder sich dadurch als Gestaltungsraum der Klasse und der einzelnen Kinder öffnen, stellt eine Grundvoraussetzung dar.

Geklärte Führung und vereinbarte Kooperation bilden einen guten Nährboden für Lernen, Entdecken, Neugier und auch Leistung.

2.2.7 Kind

Wenn der Schuleintritt ansteht, sind Kinder in der Regel bereit, ihren Wissens- und Erfahrungsraum auszuweiten. Sie gehen neugierig auf die Menschen, die Welt, das Universum zu, sie stecken voller Fragen und Wünsche. Die beiden Fäden, die jedem Kind gereicht wurden (siehe erstes Kapitel Seite 17), wollen zu immer neuen, unverwechselbar eigenen Mustern verwoben werden, das ist Teil individueller, menschlicher Bestimmung und menschlichen Strebens.

Kinder wünschen sich gute Freunde und Erfolg, möchten sich messen und kooperieren, sich erfahren in möglichst verschiedenen Situationen, um so ihre Möglichkeiten, Stärken und Grenzen kennenzulernen. In diese Wissens- und Erfahrungsfelder wollen sie einerseits begleitet und angeleitet werden, brauchen darin aber auch andererseits Freiräume und nicht beobachtete Experimentierfelder.

Im Lernfeld Schule werden Fähigkeiten und Fertigkeiten angeeignet und geübt. Die natürlich mitgebrachte Freude und Begeisterung am Lernen ist zu erhalten und schrittweise an neue Themen und Aufgaben heranzuführen. Heranführen bedeutet: in Beziehung sein, Vertrauen nähren, Neugier wecken, in die Pflicht nehmen, selber wach und neugierig sein, üben, zutrauen und zumuten, fördern, stimulieren, Freude wecken und, und, und.

Kinder wollen herausfinden, wie die Welt funktioniert. Diesem Wissensdurst hat die Schule Rechnung zu tragen. Es geht um mehr als nur darum, fertiges Wissen zu vermitteln. Schule soll Zugänge zu verstehendem Wissen öffnen. Verstehendes Wissen ist Beziehungswissen, das Wissensinhalte klar erkennt, diese darüber hinaus in ihren Bezügen und deren Wirkungen zu verstehen versucht und dazu eine eigenständige Position findet. Das verstehende Wissen führt weiter zu Selberdenken und zum erprobenden TUN. Daraus erwächst dann Erfahrungswissen, eine kraftvolle Ressource. Auch dieser Prozess erfordert Anleitung und Begleitung.

2.3 Der erweiterte Kontext

2.3.1 Eltern

Es liegt im Aufgabenbereich aller Beteiligten, dieses „erweiterte Feld Schule" so zu gestalten, dass wir darin Beziehungen wagen und leben, diese pflegen und vertiefen und auch über schwierigere Zeiten erproben können.

Wenn es uns Erwachsenen gelingt, in der Familie, in der Schule und zwischen Familie und Schule ein tragendes Netz zu spannen, gibt das den Kindern Sicherheit. Wenn wir Erwachsene als Modell fungieren, lässt das die Kinder Beziehung wagen und Vertrauen aufbauen. Das bedeutet, sie erhalten die Erlaubnis zu lernen und sind frei von Vorbehalten und Verstrickungen aus dem Netz der Erwachsenen.

Die Grundvoraussetzungen dafür sind eigentlich gegeben: Die Eltern erhoffen sich für ihre Kinder in der Regel nur das Beste. Sie wünschen ihnen Erfolg, Glück, Freunde und ein erfülltes Leben. Eltern wollen ihre Kinder gut erziehen und gute Eltern sein. Die Lehrpersonen sind willens, die Kinder möglichst gut und umfassend zu fördern, freuen sich am Erfolg der Kinder und wünschen ihnen eine erfolgreiche Zukunft. Lehrpersonen wollen gute Arbeit leisten und gute Lehrpersonen sein.

Oft sind es Sorgen um das Kind, Missverständnisse, Befürchtungen, besondere Situationen oder Anlagen des Kindes, die das Beziehungsnetz sabotieren, die gemeinsame Ressource in einen Vorwurf wandeln und so die Entwicklung und den Lernerfolg des Kindes bremsen. Wenn es uns Erwachsenen gelingt, immer wieder das Verbindende über das Trennende zu stellen und Gelingensbedingungen für den nächsten Entwicklungsschritt zu erarbeiten, anstatt unsere Anstrengungen gegen vermeintliche „Fehler" zu richten, schaffen wir eine gute Basis für Entwicklung und Wachstum des Kindes.

Hypothese:
Je tragfähiger, verbindlicher und aufeinander bezogen die Systeme in sich organisiert sind und zusammenarbeiten, umso besser gelingt es dem Kind, sein Potenzial auszuschöpfen, seinen inneren Halt umfassend aufzubauen, seine Fähigkeiten und Fertigkeiten auszuweiten und zu vertiefen.

Es ist enorm unterstützend, wenn sich Eltern und Schule zu Fragen wie:
• Was ist bei der Begleitung von Kindern wichtig?
• Was beinhaltet die Innenseite von Erziehung und Bildung?
• Worauf zielt der übergeordnete Bildungsauftrag?
dialogisch austauschen und gemeinsam Bilder entwickeln.

Ein solches Bild, dem Eltern und Schule in der Regel zustimmen können und das als Basis dienen kann, ist die Landkarte des inneren Haltes, der durch den äusseren Halt wächst.

2.4 Elternabend zu Beginn des Schuljahres

Am Elternabend kann die Lehrperson transparent machen, auf welche Ziele hin und aufgrund welcher Haltungen und Spielregeln sie den Unterricht und die Zusammenarbeit gestaltet. Es bietet sich hier eine gute Möglichkeit, mittels dieser Themen den Eltern Einsicht zu geben und mit ihnen über diese Grundlagen ins Gespräch zu kommen. Das Modell des inneren Haltes, der durch den äusseren Halt wächst, hat sich als vertrauensbildendes Grundmodell bewährt, dem die Eltern gut zustimmen können.

....

Beispiel:

An unserer Schule orientieren wir uns bei der Begleitung der Schülerinnen und Schüler am Modell des inneren Haltes, der sich über den äusseren Halt aufbaut.

1. Schritt: Vereinbarung über die Ausrichtung und den Aufbau des inneren Haltes

Das Ziel der Begleitung ist es, das Kind dort abzuholen, wo es steht, mit all seinen Besonderheiten, Stärken und Einschränkungen, und es im Aufbau seines inneren Haltes bestmöglich zu fördern und zu unterstützen.

Der Aufbau des inneren Haltes meint Folgendes:

Wenn das Kind seine Berufslehre abgeschlossen hat, sollte es einen guten Platz gefunden haben:

- in sich, sodass es zu sich, seinen Überzeugungen stehen kann und sich mit seinen Ecken und Kanten einigermassen versöhnt hat, seine Stärken kennt und diese zum Tragen bringen kann und gelernt hat, gut für sich einzustehen (**Selbstkompetenz**);
- bei den Menschen; es hat gelernt, sich einzufügen in eine Gruppe, in ein Team, um dort seinen Beitrag zu leisten, im Austausch zu sein, Impulse zu geben und zu bekommen, Kameradschaften und Freundschaften aufzubauen und zu pflegen (**Sozialkompetenz**);
- auf dieser Welt; das Kind hat gelernt, in den Realitäten und Anforderungen dieser Welt, in unserer Kultur, Wirtschaft und Gesellschaft zu bestehen, sich einzubringen und Neues dazuzulernen (**Sachkompetenz**);

- in der Arbeit (**Leistungsbereitschaft**);
- im Suchen und Finden von Sinnverbindungen (**Sinnkompetenz**).

Wenn wir Ihr Kind in diese Richtung, auf diese Ziele hin begleiten, stimmt diese Richtung auch für Sie als Eltern?

Fast ausnahmslos können sich alle Eltern mit dieser Ausrichtung einverstanden erklären, erlebten sich dadurch ernst genommen und unterstützt.

2. Schritt: Der äussere Halt

Der innere Halt entwickelt sich nicht einfach so. Er wächst und erstarkt am äusseren Halt. Dieser äussere Halt, das sind wir, die Erwachsenen, und primär die Eltern.

Ein Neugeborenes muss noch nichts müssen, ausser da sein. Sein innerer Halt in Bezug auf die oben beschriebenen Aspekte ist noch sehr, sehr klein. Mama und Papa sorgen für alles, Tag und Nacht. Schritt für Schritt baut das Kleinkind seinen inneren Halt auf, lernt in enger Beziehung zu den Eltern, schaut ab, übt, lernt in grosser Intensität. Lachen, Sitzen, Sprechen, Stehen, Trotzen usw. sind Fähigkeiten, die das Kind nur in Beziehung und dank dem äusseren Halt machen kann, den die Eltern für die jeweilige Situation massschneidern.

Der äussere Halt sucht die Verbindung zwischen dem, was schon ist, und dem nächsten Entwicklungsschritt. Er traut zu, gibt Sicherheit und mutet zu mit angemessenem Nachdruck. Für den entsprechenden Entwicklungsrahmen sind die Erwachsenen verantwortlich.

Das gilt auch für die Schulsituation. Für das einzelne Kind und den Klassenkontext stellen wir den angebrachten äusseren Halt sicher, damit der nächste Schritt möglichst gelingend gemeistert werden kann. Auch in der Schule bedeutet das: zutrauen, zumuten, einfordern, üben, nochmals üben usw. Dass Kinder manchmal lieber ausweichen, versuchen, uns auszuspielen, ist normal. Für uns (Schule und Eltern) soll aber klar sein, dass entwicklungsentsprechende Aufgaben und Anforderungen nicht gegen das Kind gerichtet sind, sondern den Aufbau des inneren Haltes beabsichtigen.

An unserer Schule und bei mir in der Klasse orientieren wir uns an diesem Modell.

....

So kommen Schule und Eltern in einem offenen Rahmen ins Gespräch und zu einem gemeinsamen Verständnis zu wesentlichen Fragen in Bezug auf Erziehung, Bildung und Schule. Eine einvernehmliche Sprache und gemeinsame Bilder verbinden Eltern untereinander und Eltern mit den Lehrpersonen. So sind diese Bilder beziehungsstiftend und somit förderlich für den Lernerfolg der Kinder.

3. Systemische Organisationsaspekte

Drei systemische Ordnungsaspekte sind auf allen Struktur- und Prozessebenen von zentraler Bedeutung und können das Feld Schule und so den Schulerfolg des Kindes unterstützend oder hindernd beeinflussen.

So wie wir im Netz der Erwachsenen diese Aspekte leben, wirken wir als Vorbild und Modell für unsere Kinder. Alles, was wir tun und unterlassen, wirkt mehr als das, was wir sagen.

3.1 Der Aspekt Hierarchie

Die Führungs- und Verantwortungslinie ist geklärt, transparent und wird wahrgenommen (siehe Generationengrenze Seite 55). Kinder wollen wissen, was gilt, brauchen Orientierung und daraus abgeleitet eine Ausrichtung, die deutlich macht, auf welches Ziel hin die Energien zu leiten sind.

Auch Lehrpersonen und Eltern brauchen diese Grundklärungen und Sicherheiten. Geklärte Hierarchie (verbindliche Aufteilung der Aufgaben und Verantwortlichkeiten und Klärung der Machtfrage) stellt die Grundvoraussetzung für ein gelingendes Zusammenleben dar.

In der Schule wirkt einerseits die Führungslinie der Organisation, wodurch die Aufgaben, Kompetenzen und Verantwortlichkeiten von der Lehrperson über die Schulleitung bis zum Gemeinderat geregelt sind, andererseits die Generationengrenze, die die Rollen zwischen den Erwachsenen und den Schülerinnen und Schülern klärt und dort angemessene Reibungsflächen bietet.

Die Linienkongruenz in der Schulorganisation ist modellhafte Voraussetzung dafür, dass die Kinder klare Orientierung und einen angemessenen äusseren Halt erfahren. Sabotiert sich ein Schulteam gegenseitig oder wird von einzelnen Lehrpersonen in Bezug auf Zuständigkeiten ein eigenes Süppchen gekocht, nehmen das die Kinder sehr schnell wahr. Sie werden ihre Aufmerksamkeit dahin richten und an diese Schwachstellen klopfen.

Dieses Klopfen kann heissen:
- Erwachsene gegeneinander ausspielen
- Grenzen testen
- sich nicht an Regeln halten usw., um herauszufinden, was gilt

Vordergründig stellen sich Team- oder Organisationsthemen oft als Themen der Kinder und Jugendlichen dar. Doch diese Sichtweise zielt zu kurz. Die Kinder und Jugendlichen weisen uns durch ihr Verhalten auf das Thema hinter dem Thema hin, dem brüchigen Beziehungsnetz der Erwachsenen. Das Klopfen der Kinder sollte uns in die Pflicht nehmen und dazu führen, die Schule so zu organisieren, dass sie trägt, lebendiges Lehren und Lernen ermöglicht. Dafür brauchen und wollen Kinder und Jugendliche klare, fähige und starke Erwachsene, die bereit sind, über das Schulzimmer hinaus im Team an gemeinsamen Haltungen und Ausrichtungen zu arbeiten und diese persönlich umzusetzen und Führung zu übernehmen.

3.2 Der Aspekt Kooperation

Kooperation meint die verbindliche unterstützende Zusammenarbeit zum Nutzen aller Beteiligten, insbesondere mit dem Ziel, die Kinder realistisch-optimal zu fördern.

Im „Feld Schule" sind verschiedene Kooperationsebenen wirksam und miteinander vernetzt.
- Lehrperson   –   Schulleitung
- Lehrpersonen   –   Schulteam
- Lehrperson   –   Eltern
- Lehrperson   –   Klasse
- Lehrperson   –   Kind

Kooperationsnetz

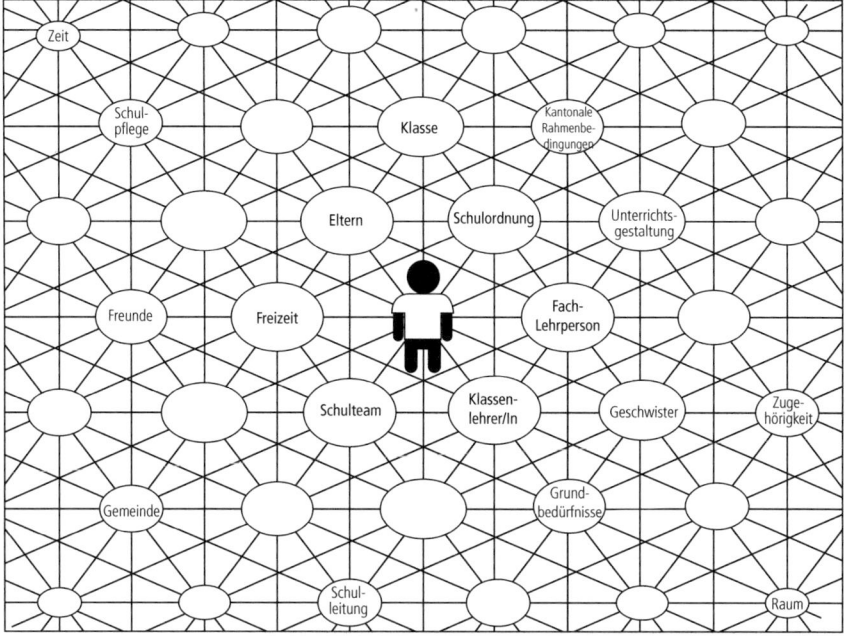

3.2.1 Das Kooperationsfeld Schule/Eltern

Damit äusserer Halt trägt, braucht es die gegenseitige Unterstützung aller
Erwachsenen. Kinder und Jugendliche stellen uns fast täglich vor neue
Situationen und fordern uns heraus, Stellung zu beziehen, uns und unsere
Haltung in konkreten Situationen zu zeigen.

In den Grundzügen, Eckwerten und der Ausrichtung ihrer Erziehung
sollten sich alle an der Erziehung Beteiligten einig werden. In der Umsetzung dürfen sie sich aber auch unterscheiden und diese Unterschiede für das
Kind offensichtlich werden lassen. Wesentlich ist, dass sich die Eltern trotz
und mit diesen Unterschieden gegenseitig achten und stützen. Wieder geht
es um die Balance zwischen der Erwachsenenhaltung (Schule/Eltern), dem

übergeordnet Gemeinsamen einerseits und der individuellen und persönlichen Ausgestaltung des konkreten Tuns andererseits. Es darf nicht dazu führen, dass sich Mutter oder Vater oder einzelne Lehrpersonen regelmässig hinter dem nicht fassbaren Wir entschuldigend verstecken und als Person nicht mehr erkennbar sind. Die gemeinsam erarbeiteten und errungenen Grundlagen dürfen und müssen in einem zweiten Schritt durch Mutter und Vater, Lehrerin oder Lehrer persönlich und für das Kind konkret erfahrbar werden. Dieser zweite Schritt gründet im gegenseitigen Vertrauen der Erwachsenen. Darin liegt die Grösse und Kraft der Paarbeziehung, des Schulteams und dem übergreifenden „Schul- und Erziehungsfeld".

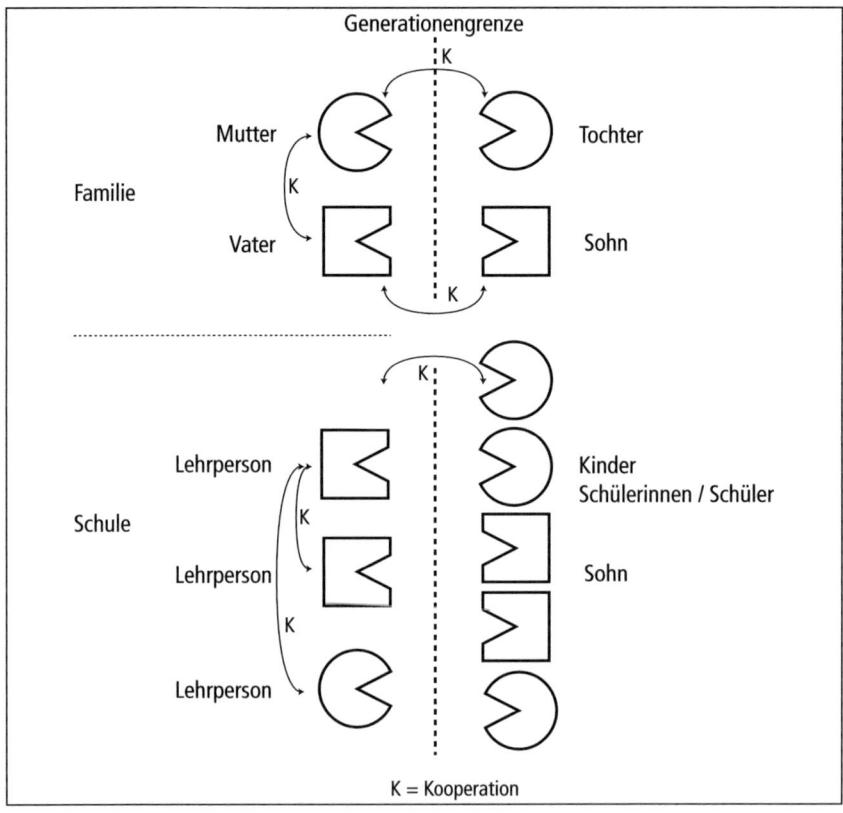

Kinder lernen und erkennen schnell, wo zwischen den Erwachsenen die Unterschiede sind. Sie lernen damit umzugehen, sie zu achten und diese auch für sich zu nutzen. Das darf so sein.

Die Erwachsenen auf der linken Seite der Generationengrenze, Eltern und Lehrpersonen, müssen sich einerseits über die Ausrichtung, das Ziel der Erziehung und Bildung in den Grundzügen einigen und im persönlichen Verantwortungsbereich umsetzen.

Auf dem Weg dahin dürfen und sollen unterschiedliche Modelle, Rahmenbedingungen und Regeln gelten. Das ist das aktive Lernfeld für die Kinder und Jugendlichen, in dem sie sich üben und bewähren sollen. Das gelingt, wenn sich die Erwachsenensysteme gegenseitig achten und respektieren, Unterschiede benennen, diesen zustimmen und den Kindern und Jugendlichen diese Haltung kommunizieren.

Vertrauen zwischen den Erwachsenen ist Grundlage dafür. Vertrauen baut sich auf über gemeinsame Ziele (z. B. Aspekte des inneren Haltes) und vereinbarte Spielregeln in der Zusammenarbeit.

Dazu gehören:
- Zusammenarbeit ist offen und direkt.
- Irritationen werden unter den Erwachsenen schnell angesprochen und geklärt.
- Ziele und Erwartungen an das Verhalten und Lernen des Kindes werden gemeinsam kommuniziert.
- Unterschiede zwischen Schule und Elternhaus werden respektiert.

Es lohnt sich, diese Spielregeln im Rahmen einer Vereinbarung zu fassen und sie dem Kind/Jugendlichen transparent zu machen. Das hilft, Ausweich- und Ausspielmuster des Kindes/Jugendlichen aufzufangen und zu minimieren.

3.2.2 Die Eltern

Sie wollen gute Eltern sein, sie wünschen ihrem Kind gute Freunde, Erfolg, einen guten Platz auf dieser Welt und eine gelingende Lebensgestaltung privat und später im Beruf. Eltern machen sich Sorgen. Aus den Medien erfahren sie, dass der Lehrstellenmarkt ein heiss umkämpftes Feld ist und viele Gefahren und Fallstricke den Erfolg in Misserfolg wandeln können. Eltern sind vor diesem Hintergrund oft unter Druck. Sie fragen sich: „Haben wir alles richtig gemacht?" Viele erleben in Bezug auf ihr Elternsein Schuldgefühle und Selbstabwertungen. Sie vergleichen sich mit Eltern, die es aus ihrer Sicht besser machen, die ihren Kindern mehr bieten können und das Leben besser im Griff haben.

3.2.3 Die Schule

Die Lehrpersonen wollen ihre Sache gut machen. Wie die Eltern haben sie ein hohes Interesse an einer guten Schullaufbahn der Kinder, die sie bestmöglich auf die nächste Klasse, auf den Beruf vorbereiten wollen. Auch die Schule kennt die Lage auf dem Lehrstellenmarkt und die Anforderungen, die auf die Schüler zukommen. Diese Situation setzt auch Lehrpersonen unter Druck.

Beide, Schule und Eltern, sind in vergleichbaren Situationen und haben kompatible Fernziele.

Warum sind die Beziehungen zwischen Eltern und Schule dennoch oft so belastet und in gegenseitige Vorwürfe verstrickt?

3.2.4 Minenfeld

Schulgespräche sind für Eltern oft vergleichbar mit einer Prüfungssituation. In ihrem Erleben stehen sie, die Eltern, auf dem Prüfstein. Im Gespräch hören sie oft Vorwürfe, auch wenn diese nur in ihren Vorstellungen und Befürchtungen bestehen – Vorwürfe, die sie sich selber schon gemacht haben. Dies verschärft sich, wenn beim Schulgespräch mangelnde Leistungen, Verhaltensthemen oder Ähnliches im Vordergrund stehen.

Die Sorge der Eltern kehrt sich in Angst um, die wiederum oft in Aggression (Vorwurf) oder Rückzug kippt. Bei beiden Reaktionen koppeln sich die Beteiligten vom Kind und von der konkreten Situation – die das eigentliche Thema sind – ab. Es geht nur noch darum, recht zu haben, sich zu verteidigen oder Schuldige für „die Situation" zu suchen – das „Problem" geht auf Wanderschaft.

3.2.5 Gelingensbedingungen

Grundvoraussetzung ist, dass die Lehrperson Mitgefühl zu den Eltern entwickelt und in der Tiefe die Sorgen und Nöte der Eltern versteht. Auch wenn sich die vermeintlich objektive Situation schlimm zeigt, kann es nicht hilfreich sein, die Eltern zu beschuldigen, abzuwerten oder zu verurteilen. Wie immer sich die Situation auch zeigt, gehe ich davon aus, dass dahinter keine böse Absicht steckt. Die Eltern sind so in ihr Leben verstrickt, dass das, was sich konkret zeigt, das ihnen jetzt Mögliche ist – nicht mehr und nicht weniger. Und das, was sich jetzt zeigt, ist Grundlage und Ausgangspunkt für den nächsten Schritt.

Soll Kooperation gelingen, darf der nächste Schritt nicht einseitig vorkonstruiert sein. Die zentrale Frage lautet: Wie kann es gelingen, eine Brücke zwischen Schule und Elternschaft zu schlagen? Diese gestaltet sich zu Beginn aus sehr fragilem Material und bedarf grosser Sorgfalt.

Folgende Formulierung kann in schwierigen Situationen für Lehrpersonen oft als Türöffner dienen: „Wenn ich das Thema, um das es hier geht, ernst nehme und sich in nächster Zeit daran nichts verändert, mache ich mir Sorgen um die Zukunft Ihres Kindes. Stellen Sie sich vor, es würde morgen die Lehre beginnen und am Thema hätte sich noch nichts verändert. Was denken Sie als Eltern, wie sich die Situation in der Lehre zeigen würde?"

Die Formulierung „Ich mache mir Sorgen" öffnet meist das Gespräch. In dieser Aussage stecken weder Vorwurf noch Angriff oder Abwertung. „Ich mache mir Sorgen" ist anschlussfähig, die Eltern haben sich schon oft Sorgen gemacht, vielleicht nächtelang!

Nun gilt es gemeinsam, mögliche nächste Schritte zu suchen (siehe Modell Ordnen → verstehen → Intervention Seite 71).

3.3 Der Aspekt Autonomie

Autonomie bedeutet Selbstbestimmung und Selbstverwaltung. Wie gelingt nun die Balance zwischen verbindlichen und gemeinsam vereinbarten Haltungen und Rahmenbedingungen einerseits und der persönlichen Ausgestaltung und Ausprägung im Alltag andererseits?

Autonomie bedeutet, innerhalb von gegebenen oder ausgehandelten Rahmenbedingungen seinen Verantwortungsbereich selbstständig, mit eigenem Profil zu gestalten und zu prägen. Durch diese persönliche Ausgestaltung werden Regeln, Vorgaben und Vereinbarungen menschlich.

Es ist für die Kinder wichtig, hinter der Organisation, den Regeln und Ordnungen Menschen in ihrer Unterschiedlichkeit zu erfahren. Ferner ist es bedeutsam, das Schulzimmer persönlich zu gestalten, gestaltbare Spielregeln für das Verhalten im Schulzimmer zu öffnen und sich im Unterricht nicht hinter den Büchern zu verstecken. Dieser Eigenraum hat angemessen offene Grenzen, ist transparent zu den Kolleginnen und Kollegen und auch zu den Eltern. Es ist legitim, dafür einzustehen. Andererseits steht dieser Eigenraum auch den Kolleginnen und Kollegen zu.

Neben der Schule hat auch die Familie einen Autonomieanspruch. Diese „Eigenräume" mit unterschiedlichen Regeln und Zuständigkeiten sind mit Sorgfalt und gegenseitiger Achtung, auch im Wahrnehmen von Unterschieden, zu respektieren. Ich erlebe oft, dass die „Schule" diese Autonomie der Familie und umgekehrt, die Familie die Autonomie der Schule, zu wenig respektieren und sich zu sehr einmischen. Unterschiedliche innerfamiliäre und innerschulische Regeln und Gepflogenheiten gehören zu dieser Autonomie und wollen respektiert sein.

Gerade in solchen Situationen hilft es, wenn Schule und Elternhaus sich auf gemeinsame Ziele einigen können. Der Weg dahin kann und darf unterschiedlich sein.

4. Vision

....

Fünf wesentliche Qualitäten von Erziehung und Bildung
Worauf sollen wir in der Familie und in der Schule die Kinder und Jugendlichen vorbereiten und wofür sollen wir sie befähigen? Welche Fähigkeiten und Fertigkeiten brauchen die künftigen Generationen, um die anstehenden Themen der Menschen und des Lebensnetzes auf diesem Planeten konstruktiv zu bewältigen?

Es sind Fähigkeiten, die im Kleinen wurzeln, sich mit dem Gewöhnlichen in der Nachbarschaft verbinden und so zu einer tragenden Kraft wachsen, die aus fünf Aspekten genährt wird.

Die Kraft des Vertrauens und der Kooperation
Kinder sollen an uns Vertrauen erfahren und lernen. Vertrauen ist Grundlage für Beziehung und Kooperation. Vertrauen und die Fähigkeit zu kooperieren bilden wesentliche Bausteine für einen erfolgreichen Aufbau des inneren Haltes. Dieses Vertrauen ist verbunden mit Verantwortung und Verbindlichkeit. Verantwortung nehmen und dafür einstehen für sich selber, im nahen Lebensbereich bis hin zu Verantwortungsaspekten in Bezug auf die Menschheit und die Erde, der Planet also, der uns innerhalb des Universums trägt und ernährt.

Wie gelingt es, diese Fähigkeit in Schule und Familie zu üben? Wie schafft man es, in konkreten Situationen verlorenes Vertrauen wiederherzustellen? Welche Bedeutung kommt dem Begriff Toleranz zu? Wo und wie schütze ich Vertrauen? Wie und wann grenze ich mich ab? Welche Werte und Haltungen leiten mich dabei? Wie üben wir Verantwortung? Wofür stehe ich ein? Auf welche Werte und Haltungen baue ich mein Vertrauen als Basis für Kooperation?

Die Kraft des Unterscheidens
Die Fragen im oberen Abschnitt führen uns mitten in die Kraft des

Unterscheidens. Unterscheidung löst aus Vermischung und Symbiose, mutet Trennung zu. Durch Unterscheidung entsteht Zwischenraum, in dem sich das Unmögliche und Wundersame offenbaren kann.

Unterscheidungen sind erst nach der Geburt möglich. Vorher herrschte eine Temperatur, ein Geschmack, ein Dunkel. Erst nach der Geburt erschliesst sich die Welt der Unterschiede. Aus der einen Temperatur öffnet sich die Temperaturskala von bitterkalt bis siedend heiss. Aus dem vorgeburtlichen Dunkel tut sich das Farbenspektrum des Regenbogens bis hin zu Weiss und Schwarz auf. Unterschiedliche Auffassungen, Positionen, Werthaltungen und Meinungen stellen eine Herausforderung dar.

Wo verorte ich mich in einem konkreten Thema? Was ist mir dabei wichtig? Wie stehe ich für meinen Standort ein, wie begründe ich ihn?

Kinder sollen sich darin üben, Unterschiede klar zu erkennen, zu benennen, zuzuordnen und aus möglichst verschiedenen Perspektiven zu beleuchten. Sie sollen in verschiedensten Themen und Situationen die Fähigkeit trainieren, Unterschiede wahrzunehmen, vorerst einfach so, ohne zu bewerten.

Auch den zweiten Schritt gilt es mit den Kindern zu üben. Sie sollen üben, konkrete Sachverhalte und Themen mit sich, ihren Erfahrungen und Haltungen in Verbindung zu bringen, um so zu einem persönlichen, bewussten Standort zu gelangen.

Die Kraft des Mitgefühls

Mitgefühl ist eine wesentliche Qualität, um beziehungsfähig zu werden und zu bleiben. Mitgefühl meint: sich selber, den Menschen, der Natur und der Erde freundlich und empfindsam zugewandt sein. Sich selber gegenüber freundlich zugewandt sein bedeutet auch, seiner Geschichte und seinem Wesen zuzustimmen, so wie sie jetzt sind, auch den schwierigen und mitunter unerwünschten Anteilen seines Wesens und den auch dunkleren Kapiteln der eigenen Geschichte. Daraus kann der nächste Schritt so gestaltet werden, dass es gut weitergehen kann.

Das Mitgefühl weitet sich über die eigene Person auf die Menschen, die Natur, die Erde, den Kosmos aus.

Wir leiten Kinder an, diese Qualität wahrzunehmen, zu erproben und zu verfeinern. Freundlich-zugewandte Verbundenheit achtsam zu üben und zu vertiefen wird zu einem wichtigen Schlüssel, ohne dass die anstehenden Themen für die nächsten Generationen kaum gelingend bewältigt werden können.

Die Kraft des verstehenden Wissens

Das Wissen in den verschiedensten Fachgebieten hat sich aufgefächert und spezialisiert und in dieser Spezialisierung hat sich Wissen verfeinert und differenziert. Das Wissen ist gefasst in Lexika, Fachbüchern und im Internet, über verschiedene Plattformen überall auf der Welt abrufbar. Verstehendes Wissen baut auf dem Sachwissen auf und führt dieses weiter. Es bringt Wissensinhalte in Beziehung mit dem Kontext, dem Zusammenhang, in den der Wissensinhalt eingebunden ist. Verstehendes Wissen fragt nach den direkten und den indirekten Wirkungen, die vom Wissensgegenstand ausgehen oder ihn in Balance halten. Das verstehende Wissen fragt nach Hintergründen, Verbindungen und Wirkungen auf den einzelnen Menschen, die Menschheit und den Planeten Erde als Teil des Universums.

Das verstehende Wissen, das im Gegensatz zum statischen Sachwissen ein Beziehungswissen ist, soll Eingang in unsere Schulen erhalten. Wissen muss in seinen Bezügen und Wirkungen gelernt werden. Es leitet über und ist verbunden mit der fünften Qualität: der Kraft des eigenen Denkens.

Die Kraft des eigenen Denkens

In einem ersten Schritt übernehmen Kinder das Denken, die Vorstellungen und Folgerungen der Eltern und weiterer erwachsener Personen. Von diesem übernommenen Denken gilt es, die Kinder und Jugendlichen schrittweise zu eigenem Denken anzuleiten und Selberdenken zu üben und zu unterstützen. Selberdenken löst aus gewohnten Abhängigkeiten, aus der Symbiose und macht selbstständig.

Auf der anderen Seite setzt man sich durch Selberdenken aus. Es bedarf eines geschützten Raumes, in dem dieses eigene Denken gewagt, geübt und in die Gruppe, Gemeinschaft eingebracht werden kann.

Eine Schule, die die Kraft des eigenen Denkens aktiv übt, die Eigen- und Querdenken nicht sanktioniert, bereitet Menschen gut auf die Welt mit den damit verbundenen Aufgaben vor.

Epilog

Die Völkergemeinschaft hat sich auf ein „Gebet" verständigt, dem die Vertreter aller Religionen, Kulturen und Ethnien zustimmten. Dieser Text gilt als gemeinsame Ausrichtung und Verpflichtung, mit ihm werden jeweils wichtige Konferenzen eröffnet.

Die in der Vision beschriebenen Qualitäten könnten uns und künftige Generationen der Verheissung, die in diesem Gebet innewohnt, einen Schritt näherbringen.

Gebet der UNO

Unsere Erde ist nur ein kleines Gestirn
im grossen Weltall.
An uns liegt es,
daraus einen Planeten zu machen,
dessen Geschöpfe
nicht von Kriegen gepeinigt werden,
nicht von Hunger und Furcht gequält werden,
nicht zerrissen in sinnlose Trennung
nach Rasse, Hautfarbe oder Weltanschauung.
Gib uns den Mut und die Voraussicht,
schon heute mit diesem Werk zu beginnen,
damit unsere Kinder und Kindeskinder
einst stolz den Namen MENSCH tragen.